中华文化风采录

浩瀚经典宝库

典的蒙学

胡元斌◎编著

北方妇女儿童出版社

·长春·

图书在版编目(CIP)数据

经典的蒙学 / 胡元斌编著. —长春 : 北方妇女儿童出版社，2017.4（2022.8重印）
（浩瀚经典宝库）
ISBN 978-7-5585-0921-6

Ⅰ. ①经… Ⅱ. ①胡… Ⅲ. ①古汉语－启蒙读物－介绍 Ⅳ. ①H194.1

中国版本图书馆CIP数据核字(2017)第055076号

经典的蒙学
JINGDIAN DE MENGXUE

出 版 人　师晓晖
责任编辑　吴　桐
开　　本　700mm×1000mm　1/16
印　　张　6
字　　数　85千字
版　　次　2017年4月第1版
印　　次　2022年8月第3次印刷
印　　刷　永清县晔盛亚胶印有限公司
出　　版　北方妇女儿童出版社
发　　行　北方妇女儿童出版社
地　　址　长春市福祉大路5788号
电　　话　总编办：0431-81629600

定　　价　36.00元

习近平总书记说："提高国家文化软实力，要努力展示中华文化独特魅力。在5000多年文明发展进程中，中华民族创造了博大精深的灿烂文化，要使中华民族最基本的文化基因与当代文化相适应、与现代社会相协调，以人们喜闻乐见、具有广泛参与性的方式推广开来，把跨越时空、超越国度、富有永恒魅力、具有当代价值的文化精神弘扬起来，把继承传统优秀文化又弘扬时代精神、立足本国又面向世界的当代中国文化创新成果传播出去。"

为此，党和政府十分重视优秀的先进的文化建设，特别是随着经济的腾飞，提出了中华文化伟大复兴的号召。当然，要实现中华文化伟大复兴，首先要站在传统文化前沿，薪火相传，一脉相承，弘扬和发展5000多年来优秀的、光明的、先进的、科学的、文明的和自豪的文化，融合古今中外一切文化精华，构建具有中国特色的现代民族文化，向世界和未来展示中华民族具有独特魅力的文化风采。

中华文化就是中华民族及其祖先所创造的、为中华民族世世代代所继承发展的、具有鲜明民族特色而内涵博大精深的优良传统文化，历史十分悠久，流传非常广泛，在世界上拥有巨大的影响力，是世界上唯一绵延不绝而从没中断的古老文化，并始终充满了生机与活力。

浩浩历史长河，熊熊文明薪火，中华文化源远流长，滚滚黄河、滔滔长江是最直接的源头，这两大文化浪涛经过千百年冲刷洗礼和不断交流、融合以及沉淀，最终形成了求同存异、兼收并蓄的辉煌灿烂的中华文明。

中华文化曾是东方文化的摇篮，也是推动整个世界始终发展的动力。早在500年前，中华文化催生了欧洲文艺复兴运动和地理大发现。在200年前，中华文化推动了欧洲启蒙运动和现代思想。中国四大发明先后传到西方，对于促进西方工业社会形成和发展曾起到了重要作用。中国文化最具博大性和包容性，所以世界各国都已经掀起中国文化热。

中华文化的力量，已经深深熔铸到我们的生命力、创造力和凝聚力中，是我们民族的基因。中华民族的精神，也已深深根植于绵延数千年的优秀文化传统之中，是我们的精神家园。但是，当我们为中华文化而自豪时，也要正视其在近代衰微的历史。相对于5000年的灿烂文化来说，这仅仅是短暂的低潮，是喷薄前的力量积聚。

中国文化博大精深，是中华各族人民5000多年来创造、传承下来的物质文明和精神文明的总和，其内容包罗万象，浩若星汉，具有很强的文化纵深感，蕴含丰富的宝藏。传承和弘扬优秀民族文化传统，保护民族文化遗产，已经受到社会各界重视。这不但对中华民族复兴大业具有深远意义，而且对人类文化多样性保护也有重要贡献。

特别是我国经过伟大的改革开放，已经开始崛起与复兴。但文化是立国之根，大国崛起最终体现在文化的繁荣发展上。特别是当今我国走大国和平崛起之路的过程，必然也是我国文化实现伟大复兴的过程。随着中国文化的软实力增强，能够有力加快我们融入世界的步伐，推动我们为人类进步做出更大贡献。

为此，在有关部门和专家指导下，我们搜集、整理了大量古今资料和最新研究成果，特别编撰了本套图书。主要包括传统建筑艺术、千秋圣殿奇观、历来古景风采、古老历史遗产、昔日瑰宝工艺、绝美自然风景、丰富民俗文化、美好生活品质、国粹书画魅力、浩瀚经典宝库等，充分显示了中华民族厚重的文化底蕴和强大的民族凝聚力，具有极强的系统性、广博性和规模性。

本套图书全景展现，包罗万象；故事讲述，语言通俗；图文并茂，形象直观；古风古雅，格调温馨，具有很强的可读性、欣赏性和知识性，能够让广大读者全面触摸和感受中国文化的内涵与魅力，增强民族自尊心和文化自豪感，并能很好地继承和弘扬中国文化，创造未来中国特色的先进民族文化，引领中华民族走向伟大复兴，在未来世界的舞台上，在中华复兴的绚丽之梦里，展现出龙飞凤舞的独特魅力。

目录

家有家规——家训教诲

童蒙教化——儿童蒙学

人间正道——处世语录

家有家规

家训教诲

家训是指对子孙立身处世、持家治业的教诲。家训是我国传统文化的重要组成部分，也是家谱中的重要内容，对提升个人修养具有重要作用。一个家族为了保持兴旺发达，常常建立必要的家法家规，以此约束族人的一言一行，这便是家训的最早起源。

随着社会的发展，我国从汉代开始，家训著作的内容日益丰富。其中许多治家教子的名言警句，都成为世人谨记于心并严格遵守的治家良策，造就了历史上许多儒家所提倡的“修身”“齐家”的典范。

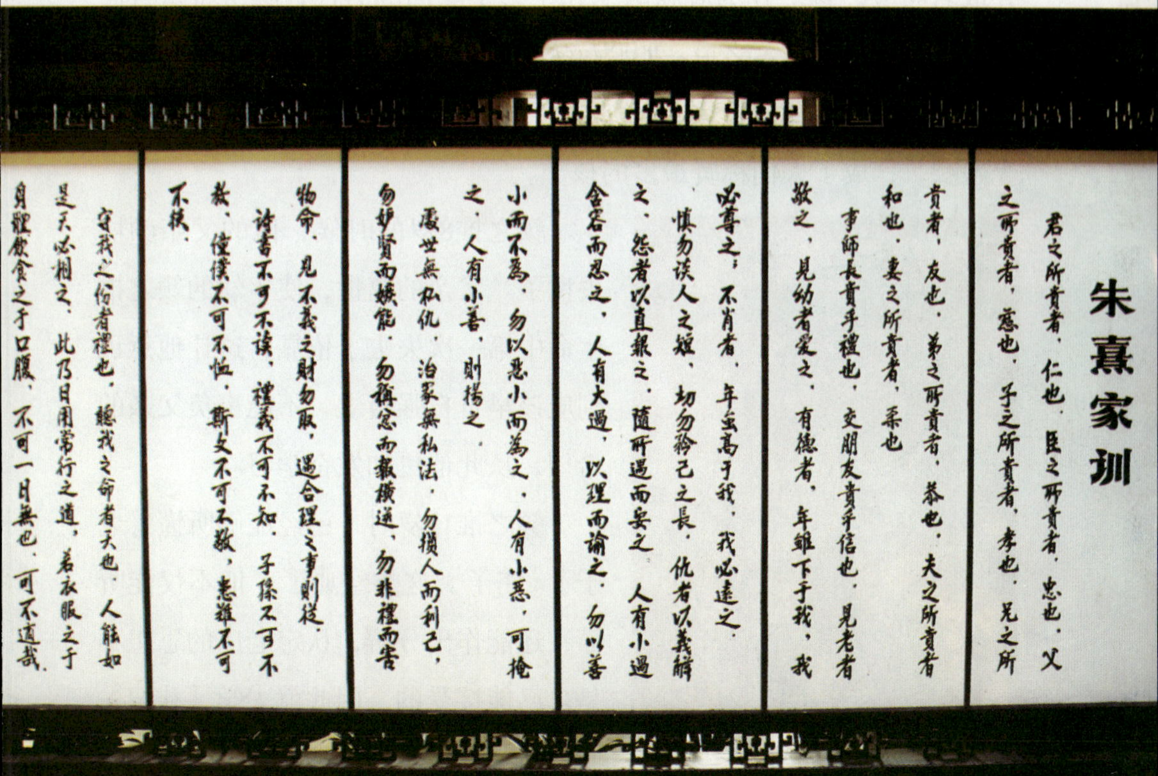

颜之推与《颜氏家训》

那是在南北朝时期的531年，南朝梁西平靖侯颜协的儿子出生了，并取名叫颜之推。作为春秋时期孔子弟子颜回的后代，颜协希望自己的儿子也能精通孔孟之道，明晓儒家事理。

颜之推自幼聪明伶俐，7岁时就会背诵东汉辞赋家王延寿的《鲁灵光殿赋》，成了人们称赞最多的孩子。

颜之推画像

颜之推8岁的时候，他的父亲颜协去世了。父亲的离世，使年幼的颜之推生命中第一次失去了依靠，这让他意识到应该早日自强自立，不能辜负父亲的希望，从此他更加发奋学习。

颜之推12岁时，已经能够听懂《老子》《庄子》这类经典了。他不仅能听懂，还能作出分辨，认定老庄的思想不是自己能接受的，因此就去学《礼记》

和《左传》。

颜之推19岁时，已经是学富五车，名扬天下的人了。由于他博览群书、词采华茂，深为南梁湘东王萧绎所赏识，便召他做了自己的属官国左常侍，掌管赞相礼仪、献策谏诤等事宜。

南北朝时期，时局动荡，各个诸侯都特别注重加强军事要地的守备。南梁萧绎派次子萧方诸做郢州刺史，镇守江夏，颜之推被任命为中抚军府外兵参军，随行参谋军务。

颜之推石刻像

548年秋，东魏降将侯景勾结京城守将萧正德，举兵谋反，这就是历史上有名的“侯景之乱”。在此期间，国势大衰的南梁又相继遭到西魏和北齐的进攻，颜之推与萧方诸同时被俘。

紧急关头，幸亏为侯景行台郎中王则所救，使颜之推逃过了死刑，却在建康度过了3年的囚虏生活。这个经历，让颜之推体会到了人生的艰难。

后来，萧绎成了梁元帝，颜之推被任命为散骑侍郎、奏事舍人，备受信用。颜之推本来以为生活就此平静了，但是在554年，西魏入侵并攻占了梁都，颜氏一家都成了西魏的俘虏，被驱入关中。

在听说梁元帝之子萧方智在建康称帝后，颜之推便冒死率妻子逃离长安，企图转道北齐重返故国。可就在途中，颜之推又听说梁将陈霜先已代梁自立，他计划返回故国已无望，只好滞留于北齐。

在北齐，颜之推受到北齐文宣帝高洋的礼遇，被

诸侯 我国古代中央政权所分封的各国国君的统称。周代分公、侯、伯、子、男五等，汉朝分王、侯二等。周制，诸侯名义上需服从王室的政令，向王室朝贡、述职、服役，以及出兵勤王等。汉时诸侯国由皇帝派相或长吏治理，王、侯仅食赋税。

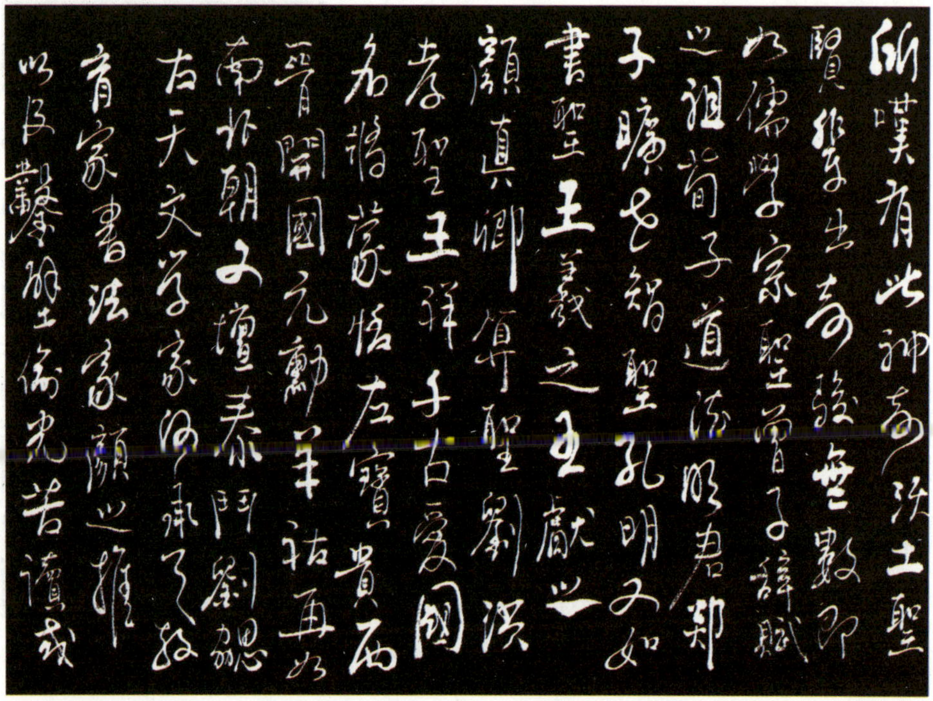

颜之推书法

引于内馆，侍从左右。这时的颜之推饱受亡国之痛，虽然不断晋升，却始终得不到一刻的安生。

从幼时的丧父之痛，一直到青年时期的失国丧家，辗转流离，这让颜之推感觉自己生无所依。痛定思痛，他写了《观我生赋》，倾诉自己的苦难经历及屈仕北朝、有国难奔的痛苦心情：

备荼苦而蓼辛，鸟焚林而铩翮，鱼夺水而暴鳞，嗟宇宙之辽旷，愧无所而容身。

北齐灭亡后，颜之推到了北周，580年又在周静帝宇文阐的提拔下成为御史上士。然而，波折一个接一个，仅仅才一年时间，丞相杨坚又取北周自代，

赋 我国古代以“铺采摛文，体物写志”为手段，以“颂美”和“讽喻”为目的的一种有韵文体，起于战国，盛于两汉。赋是由楚辞衍化出来的，多用铺陈叙事的手法，而且必须押韵，这是赋区别于其他文体的一个主要特征。此外，赋是用来描绘客观事物的，所以风格要爽朗而通畅。

建立了隋王朝。

颜之推由于满腹才华，颇得重视，隋文帝杨坚并没有想将他斩草除根，当时的太子杨广甚至将颜之推召为学士，对他十分尊重。自此，颜之推波折的遭遇终于画上了一个相对圆满的句点。

也许是坎坷的际遇令颜之推痛心，也许是一次又一次看到江山易主的经历使他对权贵不再热衷，在颜之推的思想中，少欲知足、谦虚自损的处世哲学占据着重要的地位。

颜之推看到，在南梁全盛时期，王公贵族子弟大都没有学识和本领，看上去像神仙一样，可是一遇到考试选拔人才，就要雇人代替，一参加公卿宴会，就要请人代写诗篇。

当遇到社会动乱，那些平日里不学无术的公子哥们由于体嫩力弱，往往只能坐着等死。即使幸存下来，但经过改朝换代，掌权授官的人已不再是自己过去的亲戚或同伙时，便什么门路也找不到了。

颜之推深知，像自己这样毫无依靠，不断被新的君主所起用的人，是因为有学识和技艺而随处都可以安居。作为一名望族之后，劫后余生的颜之推深深感到，在这朝不保夕的动乱年代，如何设法使名门望族能够趋利避害和继续绵延，正是他义不容辞

公卿 我国古代对于“三公九卿”的简称。其中，三公指的是丞相、太尉和御史大夫，九卿指的是奉常、郎中令、卫尉、太仆、廷尉、典客、宗正、治粟内史和少府。“三公九卿”制夏代始设，周代沿袭夏制而有所增制，从120官增至360官。另外，古时的公卿也指丈夫。

■《颜氏家训》

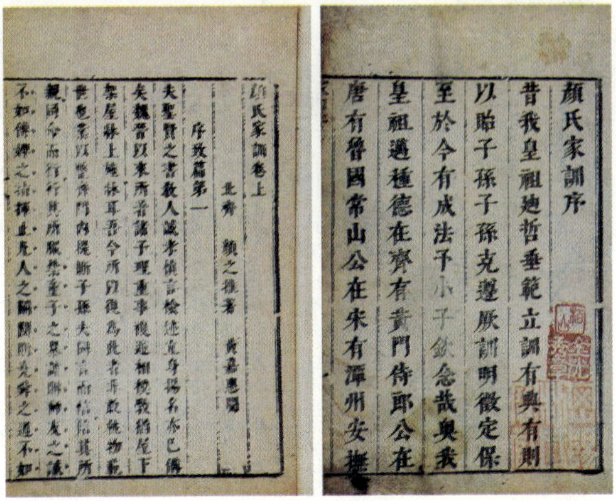
顏氏家訓卷上
北齊 顏之推著 黃嘉惠閱
序致篇第一
夫聖賢之書教人誠孝愼言檢迹立身揚名亦已備
矣魏晉以來所著諸子理重事複遞相模斆猶屋下
架屋牀上施牀耳吾今所以復爲此者非敢軌物範
世也業以整齊門內提撕子孫夫同言而信信其所
親同命而行行其所服禁童子之暴謔則師友之誡
不如傅婢之指揮止凡人之鬬鬩則堯舜之道不如

顏氏家訓序
昔我皇祖廸哲垂範立訓有典有則
以貽子孫子孫克遵厥訓明徵定保
至於今有成法予小子欽念哉與我
皇祖遺種德在寧有黃門侍郎公在
唐有魯國常山公在宋有潭州安撫

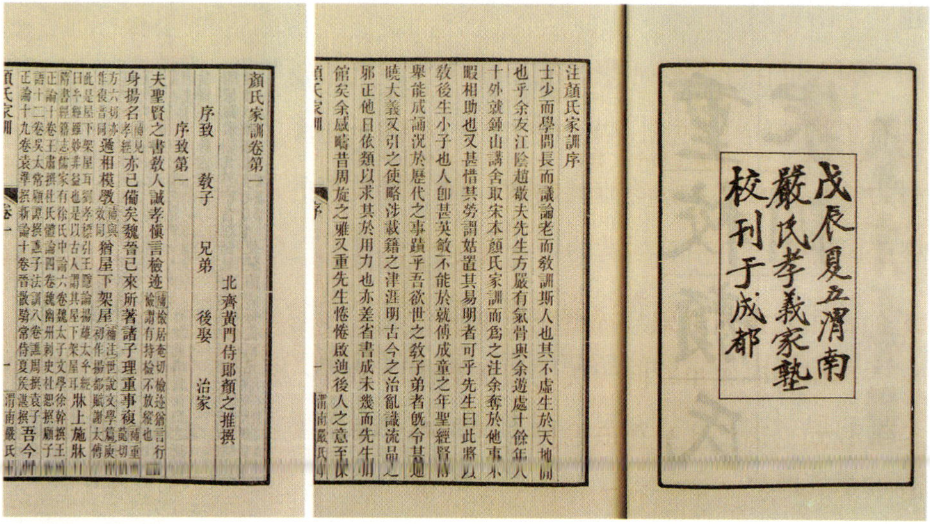
戊辰夏五渭南嚴氏孝義家塾校刊于成都

注顔氏家訓序

士少而學問長而議論老而教訓斯人也其不虛生於天地間也乎余友江陰趙敬夫先生方嚴有氣骨與余遊處十餘年人十外就鍾山講舍取宋本顔氏家訓而為之注余奪於他事不暇相助也又甚惜其勞謂姑置其易明者可乎先生曰此將以教後生小子也人即甚英敏不能於就傅成童之年聖經賢傳舉能成誦況於歷代之事蹟乎吾欲世之教子弟者既令其通曉大義又引之使略涉載籍之津涯明古今之治亂識流品之邪正他日依類以求其於用力也亦差省書成未幾而先生則館矣余感疇昔周旋之雅又重先生惓惓啟迪後人之意至

顔氏家訓卷第一

北齊黃門侍郎顔之推撰

序致 教子 兄弟 後娶 治家

序致第一

■ 颜之推所著的《颜氏家训·杂艺》

的历史责任。

正是基于这样的考虑，颜之推下定决心要给后代一些训示和指导，于是他根据自己的切身感受和体验，写出了一部书，并取名叫《颜氏家训》。

《颜氏家训》所涉及的领域非常广泛、全面，重点在于详尽的教育理论。在教育方面，颜之推的理论和方法主要体现在三个方面。

一是以儒学为核心的基本教育思想。颜之推生于儒学世家之中，自小就对《礼记》等儒家著作感兴趣。因此，在儒家思想教育中获益匪浅的颜之推尤其重视依照儒家的道德规范来培养人才。

除此之外，颜之推还强调环境对人成长的重要性，强调幼年教育对人一生的重大影响，强调个人立志发奋是成才的重要因素。

二是经世致用的士大夫思想。作为一个名门望族的后代，颜之推对当时士大夫的生活十分熟悉。因满腹经纶而几次免于灭门之灾的颜之推，对当时普遍浑

《礼记》 我国古代一部重要的典章制度书籍，儒家经典之一。内容是西汉戴圣对秦汉以前各种礼仪著作加以辑录，编纂而成，共49篇，从解说经文的著作逐渐成为经典，到唐代被列为“九经”之一，全书共有1250个小故事，在宋代被列入儒家经典“十三经”之中。

浑噩噩度日、游手好闲的士大夫们十分不满。

颜之推批判了当时的士大夫存在的理论脱离实际、毫无自身修养、败坏世风的三大弊端，还深刻而准确地提出了人才培养的6条目标，从“德”与“艺”两方面着手提出了一些具体方法。如首先要勤奋读书，其次要学以致用，再次是主张士大夫应向下层人民学习，不能轻视劳动生产，具备“德艺周厚”的水准，士大夫才能立身行正。

三是求实的家庭教育思想。由于魏晋南北朝时期的官学衰微，家庭教育十分兴盛，特别是门阀士族为了维持门第不衰，对此尤为重视。因而关于家庭教育的思想，在这一时期颇为丰富。而颜之推的家教思想在这方面很具有代表性，他认为，家庭教育应及早进行，甚至要从胎教开始。

颜之推回想自己的一生，发现幼时的聪颖和勤奋使自己受益不少。由此，他认为孩子在早期时的教育十分重要，这一点至少有两个原因：其一，幼童时期学习效果较好，得益较大。其二，人在年幼的时候心里纯净，各种思想观念和行为习惯尚未形成，可塑性很强。

颜之推认为，父母在家庭的日常生活中应当严肃地对待儿童，严格要求，以树立威严，使儿童“为则为”或“止则止”。在教育子

南北朝 我国历史上的一段大分裂时期，由420年刘裕篡东晋建立南朝宋开始，至589年隋灭南朝陈为止。南朝包含宋、齐、梁、陈4朝；北朝包含北魏、东魏、西魏、北齐和北周5朝。南北朝上承东晋、五胡十六国，下接隋王朝，南北两势虽有朝代更迭，但长期维持对峙，故称。

《颜氏家训》

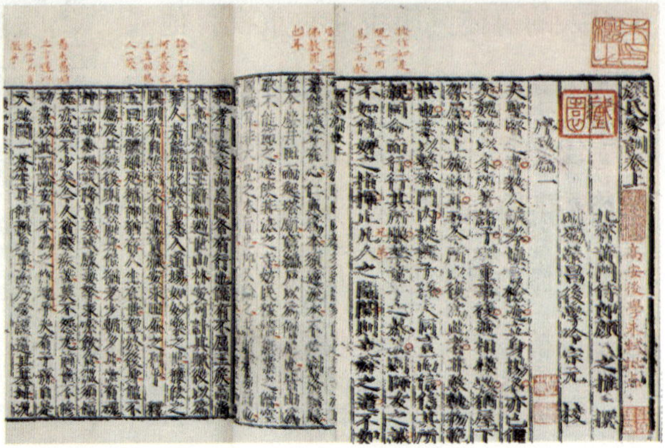

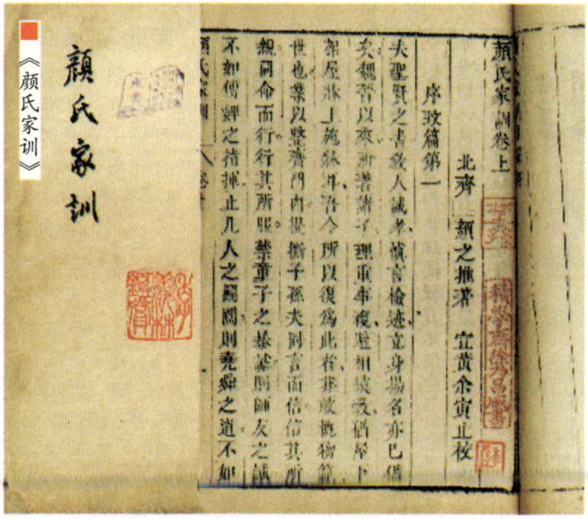

《颜氏家训》

女的过程中只要是有效的方法和手段，不论是怒斥还是鞭打都可以使用。

颜之推还指出，在家庭教育中，除了严格要求子女外，还应给予子女适当的慈爱。这种慈爱不是一般意义上的偏宠，也不是溺爱。不论子女聪慧与否，都应该以同样的态度和教育标准来对待。

也许是因为幼年丧父又饱经乱世之中妻离子散的痛苦，颜之推对家庭也非常重视。他在《颜氏家训》中叮嘱后人，如果孩子幼年丧母，在另娶时一定要小心挑选新婚人选，千万不能让继母与孩子之间产生隔阂。

由于重视孩子从小成长的环境，颜之推也十分在意兄弟的手足之情，认为兄弟间的感情是除父母、子女之外最为深厚的一种感情，兄弟之间的相亲相爱对于治家是十分重要的。

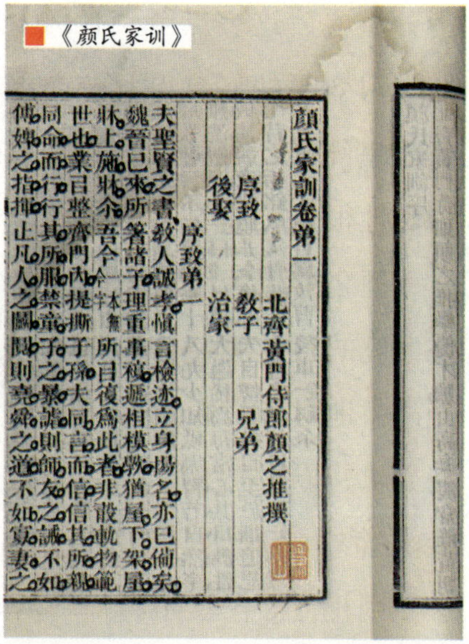

《颜氏家训》

曾经历战乱却安然无恙，使颜之推对人的身体健康也非常重视，他强调养生学的方法可以有多种。真正的养生还必须注意避祸，必须将修身养性和为人处世的内外功夫结合起来。如果因傲物而受刑，因贪溺而取祸，那么再精于养生之术也是无用的。

颜之推要求自己的子女从小就要

学会正确发音，这也是最基本的知识教育。他还告诫子女，对未经查证的事物，不要妄下断语。这确实是一种严谨的求学态度。

《颜氏家训》内容驳杂，从烦琐家事，谈及社会人生；从修身治家，讲到音韵、训诂，因而对颜氏后裔产生了直接影响。

根据记载圣贤家族历史的古籍《陋巷志》所言，颜之推的3个儿子颜思鲁、颜慜楚、颜游秦，4个孙子颜师古、颜相时、颜勤礼、颜育德，都很有名气。

尤其是颜之推的嫡长孙颜师古，成为后来唐代最著名的音韵学家、训诂学家和文学家。颜之推四世孙颜昭甫、五世孙颜元孙、颜惟贞也都是名家。六世孙有名的更多，尤为“颜氏三卿”，颜真卿、颜杲卿、颜春卿更为显赫。

《颜氏家训》是我国历史上第一部内容丰富、体例宏大

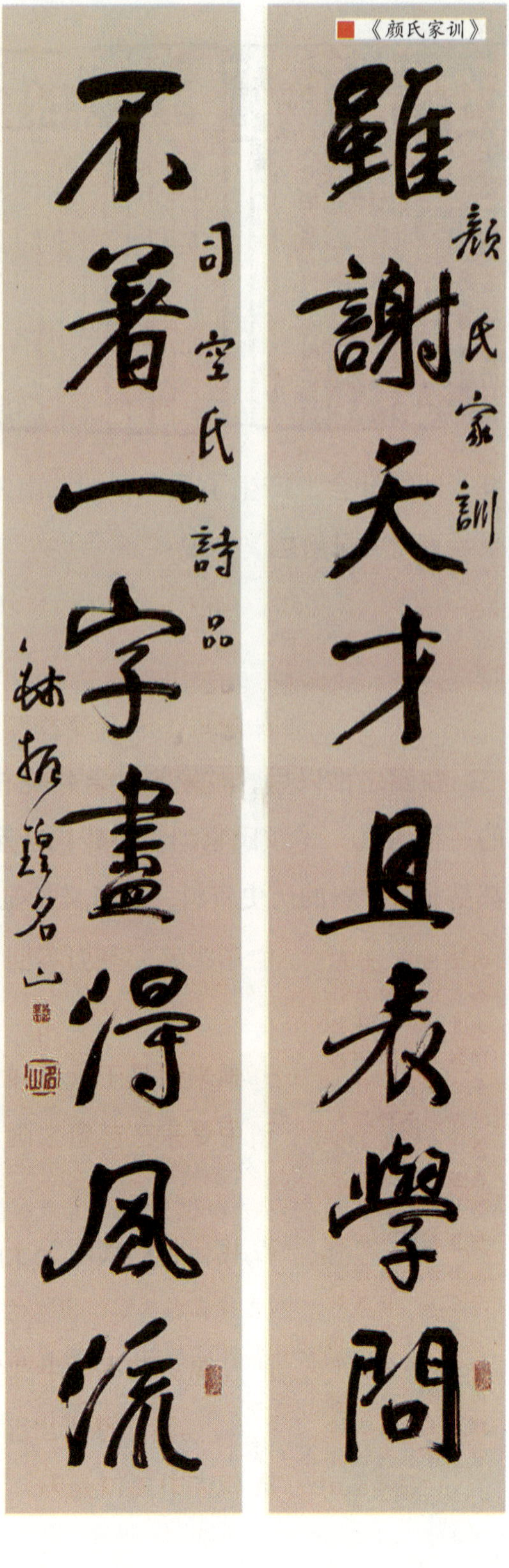

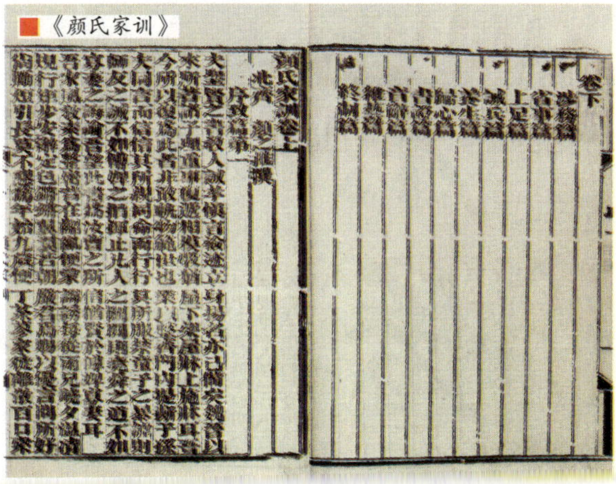
《颜氏家训》

的家训。“家训”就其本义来讲，是对本家族的子孙后代进行家庭教育的教材，但事实上它的作用却远不止此，而是对社会产生了重大影响，成为著述的一种体裁类别。

《颜氏家训》一经问世，即在社会上产生了重大影响。南宋藏书家陈振孙在其私人藏书目录《直斋书录解题》中说：

古今家训，以此为祖。

在颜之推以后，“家训”著作竞相模仿，以至于成了士大夫阶层的一种风气。《颜氏家训》对我国乃至世界家庭教育理论研究来说，都是非常宝贵的历史资料，其意义是显而易见的。

阅读链接

有一回，颜之推去“连襟”刘灵家里做客，喝茶闲聊的时候，刘家几个孩子就守在旁边伺候着。颜之推笑呵呵地问他们：“和你父亲名讳同音的字，究竟有多少？你们能认全吗？”孩子们互相瞅瞅，都晃脑袋。

颜之推告诉他们：“所有和自己密切相关的知识，一定要提前动手，反复核对。倘若冒冒失失地请教个文痞无赖，兴许被欺骗一辈子。这是原则问题，千万马虎不得。”教导完毕，颜之推又对50多个同音字逐个儿讲解，孩子们得到了一次很好的教育。

司马光与《温公家范》

北宋时期，在河南的西阳县曾经发生这样一件远近闻名的事：几个六七岁的孩子在场院里玩耍。场院里放着一口存满水的大缸。有一个孩子攀上缸沿，一不小心掉进了水缸里，大家一看不好，都吓跑了。

这时，只有一个小男孩没有跑，他当机立断，搬起一块石头向水缸砸去，缸破了，水流出来，掉进缸里的孩子得救了。

这件事传播开来，有人把它

司马光 （1019年～1086年），字君实，号迂叟，陕州夏县，今山西夏县人，世称涑水先生。北宋著名的政治家、文学家、史学家。卒赠太师、温国公，谥“文正”。主持编纂我国历史上第一部编年体通史《资治通鉴》。著有《稽古录》《涑水记闻》《潜虚》等。

■ 司马光砸缸故事图画

画成《小儿击瓮图》，一直流传至今。

那位机智的小男孩，就是北宋时期伟大的史学家、《温公家范》的作者司马光。

司马光出生于河南省西阳县，世代贵胄之家，他的先辈和堂兄们多是好学之士，爱好诗文。这个家庭是一个颇具政治经验和学问素养的家庭。族人累世聚居，人口众多，常常是几十口人，却都能和睦相处，宗族间也从无间言。这个家族，对内，勤俭自励，辛苦经营，治家有方；对外，慷慨尚义，关心乡里，抚恤孤寡，很受乡里尊重。

司马光自幼聪明伶俐，在父亲的教育下，刻苦读书，勤于思考。20岁时一举考中进上甲科，此后进京，升任馆阁校勘，负责编校图书典籍，后来迁任殿中丞，是专职史官。他用了19年时间，主持编撰了一部编年体巨著《资治通鉴》。此书在我国官修史书中

馆阁校勘 宋代官名。宋仁宗时的1026年置。馆阁是宋代国家藏书机构的别称，也是国家整理颁印图书典籍的一个重要部门。北宋时期国家颁行的官本对后世影响甚巨，产生了不少能继承汉唐学术传统、又对校勘的学术发展有所推进的严谨扎实的高质量的馆阁校勘专书。

占有极其重要的地位。

在编撰《资治通鉴》的过程中，司马光深受礼教思想的影响，他把礼义道德教育具体落实到家庭教育上。《温公家范》一书，就是以儒家经典论证治国之本在于“齐家”的道理；同时广泛选取历代人物史事作为“轨范”“仪型”，具体阐述各项道德准则和治家的方法。

《温公家范》简称《家范》，是一部比较完整的反映我国封建社会家庭道德关系的伦理学著作。书中宣扬了儒家的“修身、齐家、治国”的思想，阐述了司马光的封建伦理道德观点。

《温公家范》是继《颜氏家训》一书之后一部影响较大的家庭教育专著，在内容上既有反映封建地主阶级的正统思想和浓烈的政治要求，也有继承中华民族传统美德的伦理范畴。

《资治通鉴》 简称《通鉴》，是北宋司马光主编的一部多卷本编年体史书，共294卷，历时19年告成。它以时间为纲，事件为目，从公元前403年写起，到五代时的后周世宗959年征淮南停笔，涵盖16朝1362年的历史。是我国第一部编年体通史，在官修史书中占有极其重要的地位。

司马光砸缸故事木雕

宋代画荻教子故事雕塑

从具体的历史条件出发进行评价，也不无合理、可取的成分。特别是此书反映出的司马光的家庭教育思想，尤为值得有所分析地加以借鉴。

司马光在《温公家范》的一开头就指出，在家庭里，每个家庭成员都遵守自己的道德规范，家道就正了。而家道正，国也就安定了。

司马光为进一步说明家庭教育和国家、社会的关系，又详细引述了《礼记·大学》篇里对于家庭、国家、天下三者关系的论述：

《大学》 原为《礼记》第24篇。宋代程颢、程颐兄弟把它从《礼记》中抽出来，编次章句。后来，朱熹又将《大学》《中庸》《论语》《孟子》四部书合编注释，称为《四书》，从此《大学》便成了儒家经典。朱熹把《大学》重新编排整理，分为"经"一章，"传"十章。

欲齐其家者，先修其身。欲修其身者，先正其心。欲正其心者，先诚其意。欲诚其意者，先致其知。致知在格物，物格而后知至，知至而后意诚，意诚而后心正，心正而后身修，身修而后家齐，家齐而后国治，国治而后天下平。

司马迁 字子长，生于西汉时夏阳，即今陕西省韩城市。西汉史学家和文学家。被世人称为“历史之父”。他所著的《史记》是我国第一部纪传体通史，同时在文学上取得了辉煌的艺术成就。因此，鲁迅称之为“史家之绝唱，无韵之离骚”。

在司马光看来，“齐家”的中心问题或基本措施是教育家人，教育好全家成员。能教育好全家成员，便可以推而广之，影响和教育全国的人。事实上，连家里人都教育不好的人，是不会教育好其他人的。

司马光的写作形式和颜之推的《颜氏家训》不同，他是采用对家庭教育分别论述的方法，并在论述的过程中，列举了大量历史实例加以阐述。

司马光认为早期教育有利于人一生的成长发展，充分肯定注重孩子早期教育的优良传统。他认为“古有胎教”，也就是说，古人在孩子未出生的时候就已经开始注重胎教了。

在这方面，司马光举例说，周文王之母在怀着周文王的时候，“目不视邪色，耳不听淫声，口不出敖言，能以胎教”。因此周文王聪明过人，能够“教之

■ 司马光《资治通鉴》手稿

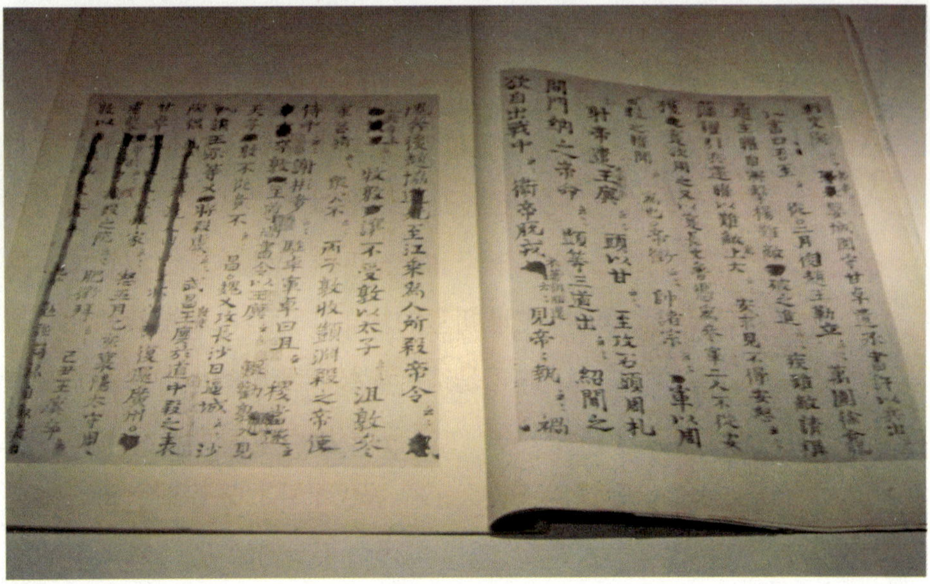

■ 司马光例举的孟母教子故事

以一而识百”。

司马光还例举了“孟母三迁”的故事：春秋战国时期的孟轲，在年少之时，家住在坟墓的附近。孟轲经常喜欢学别人办丧事玩。

孟轲的母亲仉氏见此情景，说：“这个地方不适合安顿儿子。”于是就带着孟轲搬迁到市场附近居住下来。

可是，孟轲又玩闹着学商人做买卖的样子。孟母又说：“此处也不适合安顿我的儿子。”于是又搬迁到书院旁边住下来。

孟轲以进退朝堂的规矩作为自己的游戏。此时，孟母说：“这正是适合安顿我儿子的地方。”于是就定居下来了。

等到孟子长大了，学成了礼、乐、射、御、书、数这“六艺”，最终成为一代圣贤。

周文王（前1152年~前1056年），姓姬名昌，黄帝的后裔。商纣王统治时，他被封为西伯，也称伯昌。姬昌治理岐山50年，使岐山的政治和经济得到了极大发展。其子姬发得天下后，便追尊他为“周文王”。孔子称周文王为“三代之英”。

司马光曾经把早教比作成长中的小树，他说：“树在小的时候，如果不修剪整枝，任其自然生长，很容易长得又歪又斜，等树木长成合抱之木，再去修剪整枝，能不费很大的气力吗？”

这样做，又好比是打开鸟笼把鸟放走，然后再去捉，也好比是松开缰绳把马放跑，然后再去追，哪比得上当初开笼放鸟、不解缰放马更为省力呀！

针对儿童的心理特点，司马光认为对儿童进行早期教育的重要手段是给儿童树立正面的榜样，用正面的形象去影响儿童。他主张使儿童从小就“习其目端正”，让儿童经常看到正面的榜样。

司马光根据儿童的模仿性相当强，而分辨是非善恶的能力又比较差的年龄特点，提出千万不要欺骗孩子。他借用古代曾参的例子。

有一天，曾参的妻子要上街，儿子哭着闹着也要跟着去。为了摆脱孩子的纠缠，妻子对孩子说：“好孩子，你在家里等我，回来给你杀猪炖肉吃。”孩子信以为真，就放弃跟母亲上街的要求。

妻子从街上回来，只见曾参正磨刀霍霍要杀猪。妻子赶忙阻拦说：“我是哄孩子随便说的，怎么你真的要杀猪？”

曾参认真地说：“小孩子

曾参（前505年～前435年），字子舆，春秋末年生于鲁国。16岁拜孔子为师，勤奋好学，颇得孔子真传。积极推行儒家主张，传播儒家思想。他的“修齐治平”的政治观，省身、慎独的修养观，以孝为本的孝道观影响我国2000多年。著述《大学》《孝经》等，后世儒家尊他为“宗圣”。

■《温公家范》

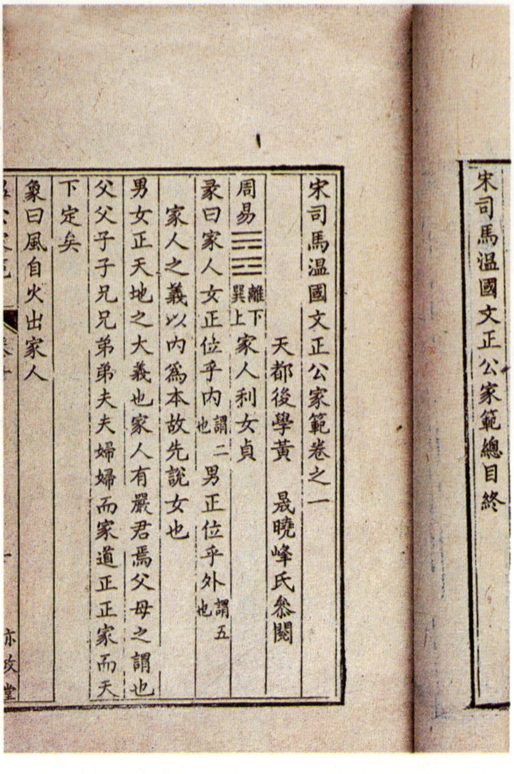
宋司馬温國文正公家範總目終

宋司馬温國文正公家範卷之一
天都後學黃　晟曉峰氏叅閱
周易 離下巽上 家人利女貞
彖曰家人女正位乎內（謂二）男正位乎外（謂五）
家人之義以內爲本故先說女也
男女正天地之大義也家人有嚴君焉父母之謂也
父父子子兄兄弟弟夫夫婦婦而家道正正家而天
下定矣
象曰風自火出家人

■ 司马光官服像

的一言一行都是跟父母学的。我们说话不算数，言而无信，就是在教孩子撒谎。”为不给孩子产生言而无信的不良影响，曾参还是坚持把猪杀了，兑现了妻子对儿子的许诺。

司马光借用这个故事提醒做父母的，在儿童面前言行举止要谨慎，不能给儿童以不良的影响。

司马光注意到，家庭教育是父母亲自教育自己的孩子，这样很容易产生娇惯溺爱的现象。他认为，由母亲亲自教育自己的孩子，不必担心她不爱孩子，反而要担心做母亲的只知道爱孩子，却不知道教育孩子。这不是别人的过错，完全是母亲的过错。像这种教训，从古到今屡见不鲜。

石碏 春秋时期卫国人。卫庄公有嬖妾所生子州吁，有宠而好武，石碏之子石厚与州吁游，石碏劝诫，石厚不听。后来州吁弑君自立，石厚向其父请教安定君位之法。石碏因石厚助州吁弑君，属大逆不道，遂杀之。当时的史学家左丘明称石碏：“为大义而灭亲，真纯臣也！”

春秋时期，卫国有一个大臣叫石碏，他有一个儿子叫石厚，在朝为官，多行不义。石碏大义灭亲，为维护国家的利益和道义，亲自设计将石厚杀掉。石碏根据自己的切身体会曾进谏卫庄公说：“我认为父母爱子女，必须教之以正理正道，不能眼看着他走邪路。有的人之所以骄奢淫逸，走邪路，完全是父母溺爱的结果。”

有鉴于此，司马光告诫父母们说：“夫爱之当教之使成人。”意思是说，父母若是真正爱孩子，就应当努力把他们培养教育成才，不能只爱不教育。

在祖辈人给子孙后代遗留什么的问题上，司马光举例说，有一位士大夫，其祖先是“国朝名臣”，“家甚富”。然而，这位士大夫却特别吝啬，白天把钥匙带在身上，晚上则压在枕头下边，钥匙是从不撒手。

后来，这位士大夫老了，身患重病，不省人事。他的子孙趁此机会，把钥匙偷出来，开藏室取其财。当老人苏醒以后，心里首先惦记的是那保管家财的钥匙，伸手一摸，钥匙不见了，一急之下便去世了。

司马光说，同上述那样的祖父母相反，从来的圣贤之人都不是“遗子孙以利”，而是“昔圣人遗子孙以德以礼，贤人遗子孙以廉以俭”，是留给子孙后代以德、礼、廉、俭等好的风尚、品德。

士大夫 旧时指官吏或较有声望、地位的知识分子。在中世纪，通过竞争性考试选拔官吏的人事体制为我国所独有，因而形成了一个特殊的士大夫阶层，即专门为做官而读书考试的知识分子阶层。是中国社会特有的产物，是知识分子与官僚相结合的产物，是两者的胶着体。

司马光著作

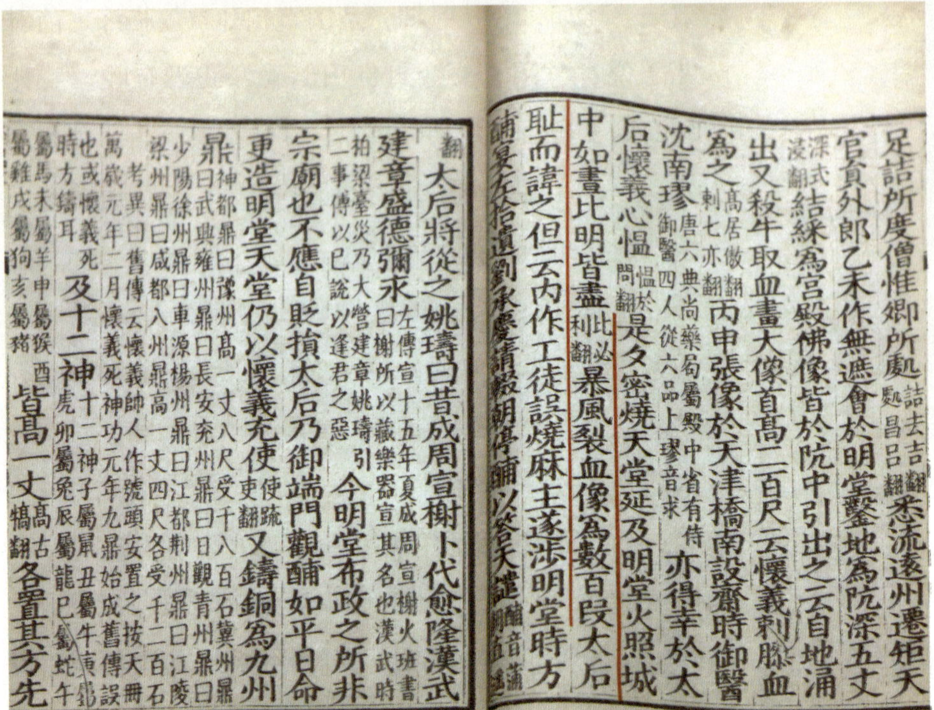

司马光塑像

司马光还介绍了许多贤明的为人祖者，以供后人效法。比如，春秋时期，楚国宰相孙叔敖临终之前对儿子说："国王要分封良田给我，我没有收。我死后，国王还会分封良田给你，你也不要收。"孙叔敖死后，国王果然要"以美地封其子"，但其子遵父嘱，婉辞谢绝，被传为佳话。

再如，汉宣帝时的皇太子的老师疏广，年老退休回家，皇帝赐给他黄金20斤，太子又送给他50斤。疏广回家后，每天都摆宴席，宴请乡亲、邻里、朋友、故旧，花去许多钱财。

子孙希望能得到一些钱财，就托一老人劝说疏广给子孙留下一些，置些田产。但疏广不同意，而是愿意给子孙留下美德，不愿留下大批财产而助长他们的过错。

《训俭示康》
司马光写给儿子司马康的训诫文。司马光在《训俭示康》一文中，紧紧围绕着"成由俭，败由奢"这个古训，结合自己的生活经历和切身体验，旁征博引许多典型事例，对儿子进行了耐心细致、深入浅出的教诲。其见解和主张，可谓影响深远。

对上述为人祖者，司马光曾评价："此皆以德业遗子孙者也。"值得后人效法。

司马光不仅从道理上论述遗子孙以德、以义的重要意义，还大力提倡这种美德，并身先士卒，以俭朴的美德教导自己的子孙。

司马光专门为其子司马康撰写了《训俭示康》这一有名的家训。在家训中，他用司马家族世代以清白相承的家风、他自己俭朴的生活态度和古代圣人以俭为美的道德观念教育儿子，希望他继承发扬，牢记"以俭立名，以侈自败"的道理，并且要求司马康把俭朴家风世代传下去。

司马光继承了儒家"治国""平天下"的思想，而他所著的《温公家范》，就是礼义道德教育在家庭教育中的具体体现，以至于成为封建社会进行家庭道德教育的重要指南。

阅读链接

司马光幼年时，担心自己记诵诗书以备应答的能力比不上别人，所以大家在一起学习讨论时，别的兄弟会背诵了，就去玩耍休息了，他却独自留下来，专心刻苦地读书，一直到能够背得烂熟于心为止。

因为司马光读书时下的功夫多，收获大，所以他精心背诵过的内容，就能终身不忘。司马光自己曾经说："读书不能不背诵。当你在骑马走路的时候，在半夜睡不着觉的时候，吟咏读过的文章，想想它的意思，收获就会非常大了！"

朱熹与《朱子家训》

在南宋时期的南剑州尤溪，住着一对夫妇。有一天，这户人家中的丈夫朱松带着怀孕的妻子上街闲逛，看见一个算命的卜卦者，就兴冲冲地上前去要他卜一卦。

卜者看看朱松怀孕的妻子说：“富也只如此，贵也只如此，生个小男孩，便是孔夫子。”朱松听后高兴极了。后来，他的儿子出生了，朱松为他取名叫朱熹。

朱家虽然家境平凡，但朱松一

■ 朱熹（1130年～1200年），南宋著名的理学家、思想家、哲学家、教育家、诗人，闽学派的代表人物，世称朱子，是孔子、孟子以来最杰出的弘扬儒学的大师。他创立了宋代研究哲理的学风，称为理学。他的一生志在树立理学，使之成为统治思想。但因理学初出，影响不深。同时，朱熹在官场上因品性耿直而得罪权臣，致使朱熹晚年落得一个悲剧的结局。

直对当年算卦者的预言念念不忘，指望儿子一朝成才。这种信心的来源不仅是卦辞，连他自己也能感受到儿子不同寻常的灵气。

朱熹4岁的时候，小小年纪就已经展现出了超人的头脑，曾向父亲指着天空问："那天的上面是什么？"把父亲问得张口结舌。8岁的时候，朱熹就已经能熟读《孝经》了。

朱熹手迹

朱熹10岁时，父亲朱松去世了，朱熹好友刘子、刘勉子、胡宪3人常来看望小朱熹。他们3个人都是醉心学佛的道学家，当时朱熹一家所生活的南剑州又是道学最初在南方传播的中心，因此朱熹十分热衷道学，与当地道学家交往甚密。这种环境对朱熹的一生有着深刻的影响。

1148年，朱熹考中了进士，3年后又被派任泉州同安县主簿，从此开始仕途生涯。1160年，朱熹向南宋学者李侗求教，后来发展出了新的哲学思潮理学。

南宋中期，金、蒙南侵，赋税苛重，百姓怨声载道，民族危机深重，加之儒家衰弱，南宋礼教废弛，理想失落，社会动荡不安。

为了稳定国家秩序，加强家庭和社会的凝聚力，拯救社稷，拯救国家，朱熹以弘扬理学为己任，奉行

《孝经》 我国古代儒家的伦理学著作，成书于秦汉之际。传说是孔子自作，但这个说法被质疑。自西汉至魏晋南北朝，注解者及百家。现在流行的版本是唐玄宗李隆基注，宋代邢昺疏。全书共分18章。

“格物致知、实践居敬”的教育理念，力求重整伦理纲常、道德规范，重建价值理想与精神家园。《朱子家训》正是在这样的背景下产生的。

这里需要说明的是，《朱子家训》有两个版本：一为南宋著名理学家朱熹所作，二为明末清初理学家朱柏庐所作。朱熹所作《朱子家训》也称《朱文公家训》，原题为《紫阳朱子家训》，而“紫阳”是朱熹的别号。朱柏庐所作《朱子家训》原名为《治家格言》，也叫《朱子治家格言》《朱柏庐治家格言》。

《朱子家训》对儒家的“齐家”思想进行了理学意义上的构建。

理学是儒学发展出的分支，理出于天而具于人者为道、为德、为事，“善者便是天理，恶者便是人欲”。因此，在朱熹的《朱子家训》里无处不流露着儒学的道德规范和品质标准，也就是仁、义、信：

齐家 儒家思想传统中知识分子尊崇的信条。齐家的意思，是使家族成员能够齐心协力、和睦相处，指的是以自我完善为基础，通过治理家庭，直到平定天下，主旨在于说明管理者修己安人的次序。齐家思想积极而认知的态度相互结合补充，几千年中影响始终不衰。

■ 朱熹家训屏风

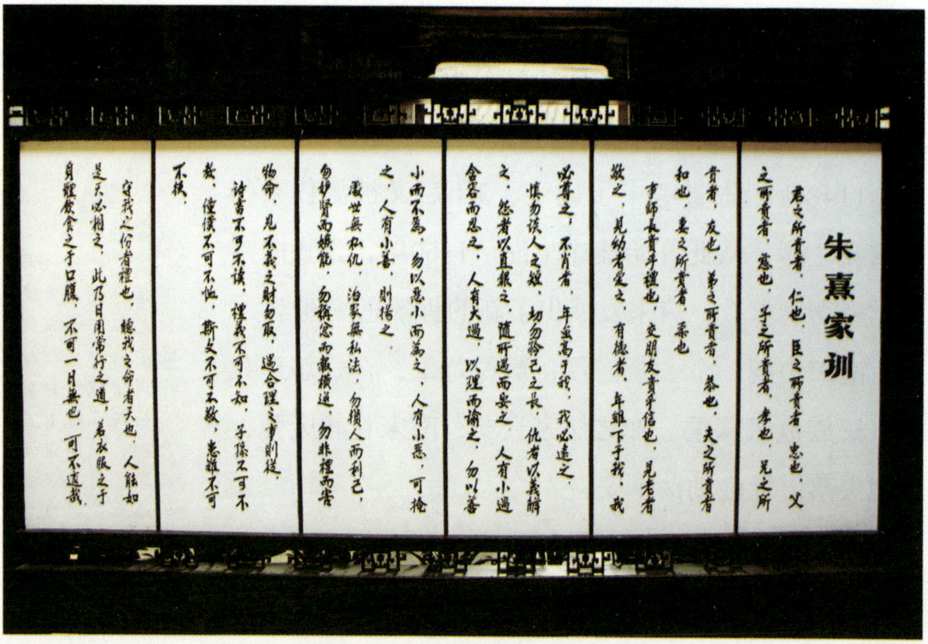

君之所贵者，仁也。臣之所贵者，忠也。父之所贵者，慈也。子之所贵者，孝也。兄之所贵者，友也。弟之所贵者，恭也。夫之所贵者，和也。妇之所贵者，柔也。事师长贵乎礼也，交朋友贵乎信也。

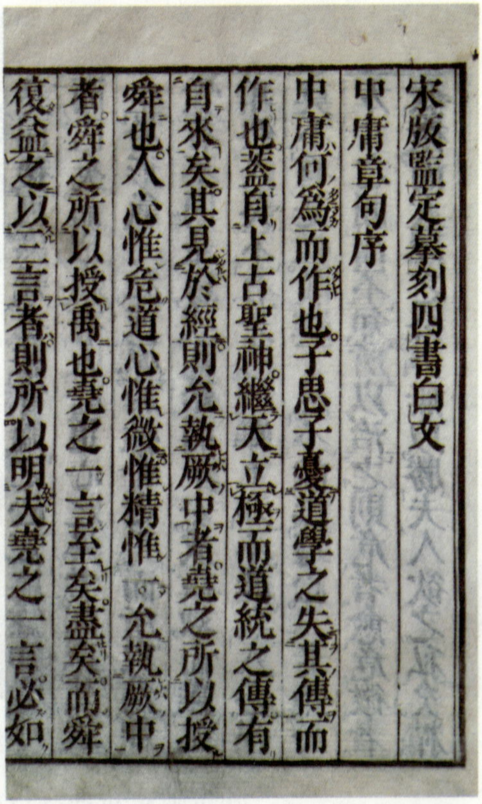
宋版監定摹刻四書白文

中庸章句序

中庸何爲而作也子思子憂道學之失其傳而作也蓋自上古聖神繼天立極而道統之傳有自來矣其見於經則允執厥中者堯之所以授舜也人心惟危道心惟微惟精惟一允執厥中者舜之所以授禹也堯之一言至矣盡矣而舜復益之以三言者則所以明夫堯之一言必如

朱熹《中庸》章句序

意思是说，当国君所珍贵的是“仁”，爱护人民。当人臣所珍贵的是“忠”，忠君爱国。当父亲所珍贵的是“慈”，疼爱子女。当儿子所珍贵的是“孝”，孝顺父母。当兄长所珍贵的是“友”，爱护弟弟。当弟弟所珍贵的是“恭”，尊敬兄长。当丈夫所珍贵的是“和”，对妻子和睦。当妻子所珍贵的是“柔”，对丈夫温顺。侍奉师长要有礼貌，交朋友应当重视信用。

作为继承了儒家思想的哲学分支，理学同样也注重为人的修身之道。这方面的思想也在《朱子家训》中反映了出来。

比如，遇见老人要尊敬，遇见小孩要爱护；有德行的人，即使年纪比自己小，也一定要尊敬他；品行不端的人，即使年纪比自己大，也一定要远离他。

再如，不要随便议论别人的缺点，切莫夸耀自己

儒家 又称儒学、儒家学说，或称为儒教，是以奉信以孔子为先师，以“儒”为共同认可的符号，各种与此相关或声称与此相关的思想道德准则，是中华文明最广泛的信仰构成。春秋战国时期，孔子在鲁国讲学，以“诗、书、礼、乐、易、春秋”之六经为经典，奠定了儒家的最早起源。

■ 朱熹蜡像

的长处；对有仇隙的人，用讲事实摆道理的办法来解除仇隙；对埋怨自己的人，用坦诚正直的态度来对待他；不论是得意或顺意或困难逆境，都要平静安详，不动感情。

这些道学和佛学思想，朱熹自小就耳濡目染，没有遗忘，因此他将道教尊道贵德的最高宗旨融合在《朱子家训》中。

朱熹认为：别人有小过失，要谅解容忍；别人有大错误，要按道理劝导帮助他。不要因为是举手之劳的善事就不去做，也不要因为是无伤大雅的坏事就去做了。别人做了坏事，应该帮助他改过，不要宣扬他的恶行。别人做了好事，应该多加表扬。

佛学体现在《朱子家训》中，就是戒嗔怒、戒妒忌、戒对不义之财的渴望。待人办事没有私人仇怨，

道教 我国土生土长的宗教。道教起源于上古鬼神崇拜，发端于黄帝和老子，创教于张道陵，广泛吸收了诸子百家的精华思想内容。道教以“道”为最高信仰，追求自然和谐、国家太平、社会安定、家庭和睦，相信修道积德者能够幸福快乐、长生久视。

治理家务不要另立私法。不要做损人利己的事，不要妒忌贤才和嫉视有能力的人。不要愤怒地对待蛮不讲理的人，不要违反正当事理而随便伤害人和动物的生命。不要接受不义的财物，遇到合理的事物要拥护。

朱熹和所有学识渊博的学者一样，深知生而有涯而知也无涯的道理，因此，他在家训中特意强调不能忽视对自身、对儿女等人的教育，还要有礼教、知本分、明事理：不可不勤读诗书，不可不懂得礼义。子孙一定要教育，童仆一定要怜恤。一定要尊敬有德行、有学识的人，一定要扶助有困难的人。

朱熹的《朱子家训》要求父母对子女要“慈”，要“教”。所谓“慈”，即父母要疼爱子女。但是父母对子女千万不可溺爱，溺爱是害。如子孙不肖，对其放纵是不行的，朱熹指出：“子孙不可不教也。”

朱熹强调，父母在对子女倾注慈爱的同时，还要

礼教 礼仪教化，是指我国传统文化中的礼乐文化，因其重视名分，又称名教，即以名为教。礼教思想统治影响中华民族两千余年。礼乐文化是古人将“礼教”与“乐教”并提而形成的教化体系，它们的本义，不过是以礼为教、以乐为教。

■ 朱熹讲学蜡像

朱熹石刻像

加强对孩子的管教。人在孩童时期，神情未定，可塑性强，要抓紧这个有利时机给予教育，使其懂得礼仪，懂得做人的道理。

朱熹的《朱子家训》要求子女对父母要“孝”。所谓“孝”，是指子女要善待父母，父母在世，子女要奉养、尊重，父母死后要葬之以礼、祭之以礼。

朱熹强调的“孝”是真心实意的孝，是子女为报答父母养育之恩而心甘情愿地付出。父母辛辛苦苦将子女养大，在子女身上倾注了无数无私的爱，而作为子女，一旦独立就应当主动承担赡养父母的义务，使其安度晚年，在父母面前要和颜悦色，平常要多问寒问暖、问疾问安等。

朱熹的《朱子家训》要求夫妻关系要和睦。夫妻关系是家庭的核心与基石。夫和妇柔是夫妻相爱的关

礼 在我国古代中，礼是社会的典章制度和道德规范。作为典章制度，它是社会政治制度的体现，是维护上层建筑以及与之相适应的人与人交往中的礼节仪式。“礼”作为道德规范，它是领导者和贵族等一切行为的标准和要求。

键。所谓“和”，即喜、怒、哀、乐表现出来时，不走极端，保持心平气和的理智。所谓“柔”，即柔顺温和。夫和妇柔，就会相亲相爱，夫妻出现矛盾就会很容易化解。

“齐家”是实现“平天下”的前提，因此朱熹对家人非常重视，在《朱子家训》里强调兄弟之间要友爱。兄弟之间不能因一些小事而反目，骨肉相残，大动干戈。

戈 我国先秦时期一种主要用于勾、啄的格斗兵器。流行于商至汉代。其受石器时代的石镰、骨镰或陶镰的启发而产生，原为长柄，平头，刃在下边，可横击，又可用于勾杀，后因作战需要和使用方式不同，戈便分为长、中、短三种。

事实上，朱熹的这些合理的思想在长期的发展中，对维护和巩固家庭关系发挥了重要作用。

一向注重道德修养的朱熹还在家训里特别强调，在人际交往过程中，要坚持从自己做起，不要随便揭人的短处，背后说人家的坏话，伤害别人的感情。

在与人交往上，还要学会理解和宽容，别人有小的过错要用宽容的态度对待之，别人有大的错误，

朱熹雕塑像

也要做好思想工作，以理服人，用道理使他明白错误的地方，促其改正。倡导重德修身是朱熹《朱子家训》的又一重要思想。《朱子家训》中的“有德者，虽年下于我，我必尊之；不肖者，虽年高于我，我必远之”可以表现朱熹对德的重视程度。

朱熹也在强调儒教学说的重要性。他认为《诗》《书》《礼》《乐》《易》《春秋》等儒家典籍是“圣贤”之书，读“圣书”才可以修德，识礼义才可以养气。

人因读书而美丽，人因识礼而高雅。读书是文化教育，识礼是素质教育，读书识礼，二者不可偏废。

家庭自古以来就是社会的基本细胞。对每个人来说，家庭是人生的起点，也是休息和生活的港湾。上至社会名流，下至平民百姓，事业成功的背后，都离不开家庭的支持和帮助。

营造一个温馨的家，创造和睦的家庭生活，无论是过去还是将来，都是人们追求的亘古不变的目标。而朱熹的《朱子家训》为实现这样的目标提供了一个理论上的指南。

阅读链接

朱熹在教育子女方面也留下许多佳话。有一次，朱熹到女婿黄干家中，黄干在外任职，其女儿朱兑因家贫只能准备葱汤麦饭招待久而不见的老父，心中实感内疚。

朱熹知道女儿的心思，笑着对女儿说：“我儿切莫介意，这菜肴不同一般，可称美味可口。”吃罢饭，朱熹走进书房，铺开宣纸，饱蘸浓墨，挥笔写下一首诗：“葱汤麦饭两相宜，葱补丹田麦疗饥。莫道此中滋味薄，前村还有未炊时。”女儿朱兑看过慈父这首诗，脸上顿露宽慰的笑容。

儿童蒙学

自古以来，国人特别重视童蒙教化，把它作为承传家道、家学、家业的根本。其基本目标是培养儿童认字和书写的能力，养成良好的生活习惯，能够具备基本的道德伦理规范，并掌握一些古代文化的常识及日常生活的常识。

童蒙教化主要是以儿童读本的形式进行的。这些诞生在古代的儿童读本中有民族文化血脉的精髓，也有些不合时宜的糟粕。而它们中蕴含的那种希望孩子增长见闻，知礼向善的良苦用心，却可在父母师长的谆谆教导下代代流传。

第一部蒙学《千字文》

在南北朝时期的482年，有一天，一个背着行囊的13岁男孩走在南朝齐的都城建康的大街上，神色欣喜地东张西望。这个男孩叫周兴嗣。他远离家乡姑孰，即现在的安徽当涂，出外闯荡，就是为了多学知识，充分发挥自己的天资。

在建康经过十几年的游学，周兴嗣已经能精通各种纪事文章的写法，每次下笔，必是文采斐然。他仍然醉心于游学之中，以便见识各

千字文竹简

■《千字文》石刻

种风土习俗。

一次返乡，周兴嗣途径江苏苏州，看到天色已晚，就在当地的客栈住宿。夜里，睡得迷迷糊糊的周兴嗣听见有个低沉的声音对他说："周兴嗣，你才学盖世，不久就会结识到尊贵的大臣，最后被圣明的君主重用。"

这声音响在耳际，像是说话的人就近在咫尺。周兴嗣吓了一跳，猛地惊醒后四处查看，却发现客栈的房间里门窗紧闭，根本没有人进入的痕迹。

494年，也就是周兴嗣25岁这一年，曾任南朝宋宰相的谢朏为避宫廷争斗，自请外任吴兴太守。周兴嗣性情平和，文雅有礼，使得一向厌恶与士人交往的谢朏对他另眼相看，就荐周兴嗣于阙下，常在一起谈文论史。

后来谢朏奉命回朝时，就向朝廷极力推荐周兴嗣

宰相 辅助帝王掌管国事的最高官员的通称。宰相最早起源于春秋时期。管仲就是我国历史上第一位杰出的宰相。到了战国时期，宰相的职位在各个诸侯国都建立了起来。宰相位高权重，甚至受到皇帝的尊重。"宰"的意思是主宰，"相"本为相礼之人，字意有辅佐之意。"宰相"联称，始见于《韩非子·显学》中。

仓颉造字塑像

的才学。不久，周兴嗣得到了梁武帝的重用，升为给事中，专门给皇室写文章。

梁武帝在位48年，一生戎马倥偬，但始终未忘读书，他深知那些“生于宫廷之中，长于妇人之手，未尝知忧知惧”的皇子的确是愚的恶的多，而贤的善的少。为了巩固梁朝江山，他希望自己的兄弟子侄，能够在他治下的太平年代成为饱学之士，成为继他而起的“出乎其类，拔乎其萃”的人物。

然而，用心良苦的梁武帝却发现，天下竟然没有一本合适皇子皇孙的启蒙读物。当时流行的一些书籍，如《尚书》《左传》《论语》等儒家经典，对于孩子们来说程度较深，实为不便。

起初，梁武帝命翰林待诏殷铁石从大书法家王羲之的书碣碑石中拓下1000个各不相同的字，每字一纸，一字一字地教授那些皇子，可是这种教法杂乱无章，不便于记忆，收效甚微。

梁武帝后来就想到，若是将这1000个各不相同的字，编成一篇通畅又有韵味的文章岂不是更妙？可是，这样的文章由谁来写好呢？自然就是他最喜爱、最重视的文臣周兴嗣了。

翰林待诏 唐代开始作为官及官署名，文学、经术、僧道、书画、琴棋、阴阳等各色人士以其专长听候君主召见，称“翰林待诏”。唐玄宗时，较多地选用文学士人，称“翰林供奉”，用于起草诏令，议论时事。

随意找1000个字组成一篇文章，听起来很简单，但其实是很难办到的。因为梁武帝想要的这千字文里不仅没有一个字重复，组合起来又要有寓意，还要顾及文体文法，读出来还要朗朗上口，这实在是很苛刻的要求。

周兴嗣接到诏令后，回家找出王羲之的遗作，连夜工作。他伏案编撰，充分调动所有的知识库存，天才的大脑急速运转着，将那杂碎无序的1000个字一遍遍地排列组合，推敲斟酌。

最后，他采用四言韵语，8字一句，分125段完成，没有重字重义。第二天雄鸡报晓之时，终于编出了锦绣华章《千字文》。

因为太费心劳神，仅仅一夜之间，周兴嗣发现自己竟然忙得一夜白了头，就像伍子胥过昭关那样，满头乌黑的发须，都变成了雪白的银丝。

四言 四言诗是诗体的一种。“四言”指四字组成的诗句。四言诗指通首都是或基本是四字句写成的诗歌。在上古歌谣及《周易》韵语中，已有所见，到我国第一部诗歌总集《诗经》中，虽杂有三、五、七、八、九言之句，而基本上是四言体。

■ 千字文正音

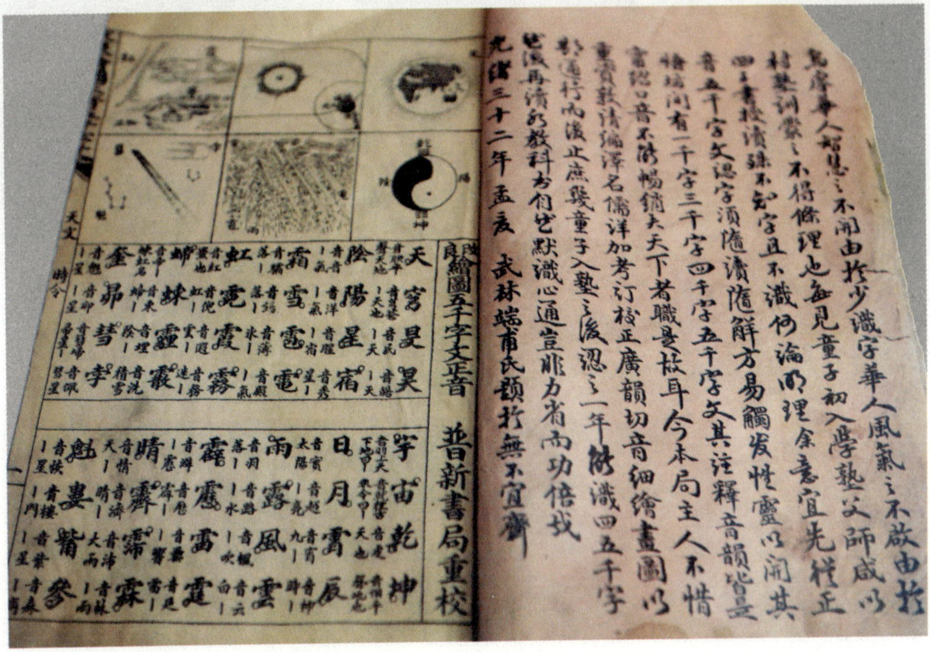

伏羲氏　又称宓羲、庖牺、包牺、牺皇、皇羲、太昊、苍牙等，是中华民族的人文始祖，受到中华儿女的称赞和共同敬仰。传说他发明创造了八卦，创造了历法、教民渔猎、驯养家畜、婚嫁仪式、始造书契、发明陶埙、琴瑟乐器、任命官员等。

宋代类书《太平广记》这样记载了这件事：

梁武帝教诸王书，令殷铁石于大王书中拓一千个字不重者，每字片纸，杂碎无序。帝召兴嗣曰："卿有才思，为我韵之。"兴嗣一夕编缀进上，鬓发皆白。

周兴嗣到朝堂上报告时，梁武帝看见他几乎不敢相认。梁武帝欣赏过周兴嗣的作品之后，大喜过望，又重赏了周兴嗣，提拔为佐撰国史。其他大臣看过这篇《千字文》之后，也纷纷赞不绝口，随后马上在宫廷的蒙学教育中流行起来。

周兴嗣选择的内容从远古的混沌初开、日月运行、四季循环开始，叙述江河鱼鸟等自然界生物及景

周公辅政石刻

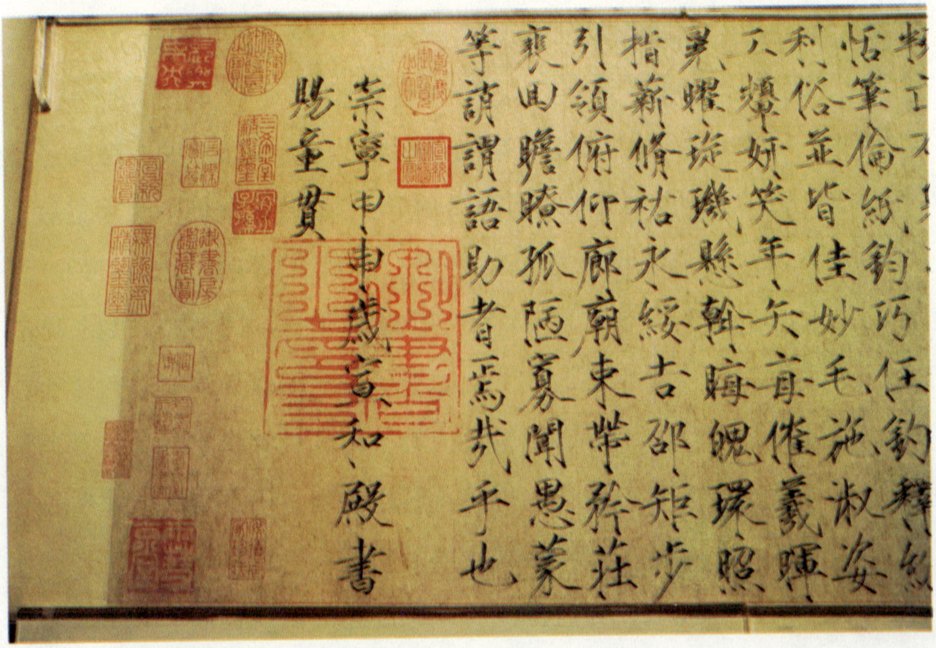

观。从伏羲氏、神农氏的龙师火官、天地人三皇，到仓颉造字、嫘祖制衣，囊括了天地、历史、人事、修身、读书、饮食、居住、农艺、园林以及祭祀等各种社会文化知识，对偶押韵、文法细畅，便于记诵。

楷书千字文卷局部

我国很早就出现了专门用于启蒙的识字课本，如秦代李斯的小篆体《仓颉篇》。但是这些被称为“字书”的作品多数影响不大，在流传中也出现了种种问题，可读性有限。

而《千字文》内容精、文辞美，又是皇室用书，知名度高，以这种无可挑剔的姿态问世，便成为我国历史上第一部真正的蒙学读本。

后来的明代语言学家顾炎武曾经点评过《千字文》，他说：

读者苦《三苍》之难，便《千文》之

梁武帝（464年～549年），萧衍，字叔达，小字练儿，大梁政权的建立者，谥为武帝，庙号高祖。萧衍是兰陵萧氏的世家子弟，为汉朝相国萧何的二十五世孙，在位时间达48年，在南朝的皇帝中列第一位。在位颇有政绩，创造了“天监之治”的繁荣局面。

易，于是至今为小学家恒用之书。

仓颉 原姓侯冈，名颉，号史皇氏，享年110岁，为轩辕黄帝左史官，是我国原始象形文字的整理者，也有人认为他是创造者，也是我国官吏制度及姓氏的草创人之一。传说他仰观天象，俯察万物，首创了"鸟迹书"震惊尘寰，堪称人文始祖。

"三苍"指的是秦李斯《仓颉》7章、赵高《爰历》6章、胡毋敬《博学》7章，是秦统一文字之后，介绍小篆楷范的字书。汉代合此3书为一，断60字为一章，统称为《仓颉篇》。"千文"指的就是《千字文》。

《千字文》在内容上熔各种知识于一炉，并通篇贯穿以统一的思想，脉络清晰，语言洗练，这些长处是此前读物所缺少的。它的长处后来为《三字经》所汲取，为这部优秀童蒙读物的出现提供了借鉴经验，这只要对二者稍加比较就可明白。

《千字文》之后，尤其是宋以后，童蒙读物层出不穷，数目众多，这些作品在通俗性和知识性方面，都做了很多努力，各有长处，甚至还有《续千字

■《千字文》之蔡伦造纸

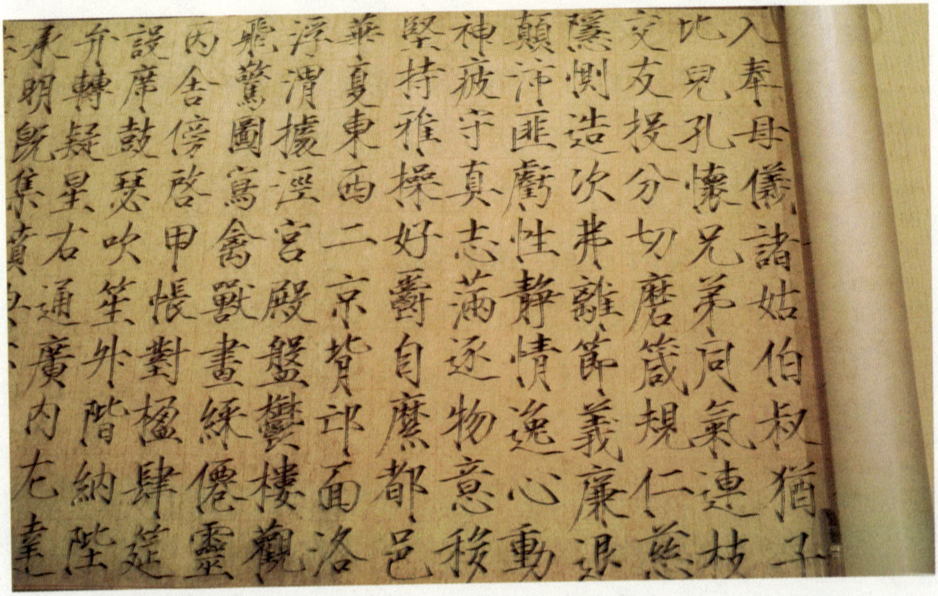

宋徽宗赵佶楷书《千字文》

文》《新千字文》等，但它们之中无一能与《千字文》相比。

因为其他文献的一个共同缺点就是文采稍逊，所以都无法与《千字文》的文采相比。《千字文》在文采上独领蒙学读物风骚，堪称训蒙长诗。许多人不但把《千字文》当作一部启蒙教材来读，而且作为学习书法的绝好范本。

在《千字文》的流传过程中，隋唐之际的智永和尚功不可没。智永是王羲之的七世孙，他用30 年的时间，摹写了800 本真草《千字文》分赠浙东各寺庙。

因为求书的人越来越多，住处的门槛几次都被踏穿，所以包了一层铁皮，人称“铁门槛”。智永的这一举动，既保存了王羲之的书法艺术，又使《千字文》得到了广泛的传播。

智永之后，历代写《千字文》的书法大师比比皆是，著名的有唐代书法家怀素、北宋皇帝宋徽宗、元

王羲之（303年～361年，一说321年～379年），字逸少，我国东晋时期著名书法家，有“书圣”之称。王羲之的书法兼善隶、草、楷、行各体，自成一家，影响深远。风格平和自然，笔势委婉含蓄，遒美健秀。代表作《兰亭序》被誉为“天下第一行书”。在书法史上，他与其子王献之合称为“二王”。

《道藏》 道教经籍的总集，是按照一定的编纂意图、收集范围和组织结构，将许多经典编排起来的大型道教丛书。《道藏》的内容十分庞杂。其中有大批道教经典、论集、科戒、符图、法术、斋仪、赞颂、宫观山志、神仙谱录和道教人物传记等。

代书法家赵孟頫、明代书法家文徵明等。他们的作品流传很广，书体与风格各异，可谓千字千姿，影响也很大，无疑大大促进了《千字文》在民间的传播，大大提高了《千字文》的知名度，而且也为世人留下了很多伟大的艺术瑰宝。

唐代以后，《千字文》这种形式被人们广泛地加以采用和学习，出现了一大批以《千字文》为名的书法作品。

比如，唐代僧人义净编纂了《梵语千字文》，宋代文士胡寅著有《叙古千字文》，明代文学家卓人月有《千字大人颂》，清代侍读学士吴省兰有《恭庆皇上七旬万寿千字文》，等等。这些所谓的作品内容各不相同，但都以《千字文》为名，足见《千字文》影响之大。

《千字文》在古代的影响是多方面的。宋真宗时，编成了一部4359卷的《道藏》，分装在400 多函

"嵇琴阮啸"图

中，每一函都按《千字文》的顺序编号，起于“天”字，止于“宫”字，所以人称这部《道藏》为《大宋天宫道藏》。

明清时期，《千字文》被用于科举考试的贡院，每一间用于考试的号房都用《千字文》来编号。清代长篇小说《儒林外史》第二回描写了一个屡试不中的周进到省城参观贡院时的情景：

到了龙门下，行主人指道：“周客人，这是相公们进的门了。”进去两边号房门，行主人指道：“这是‘天’字号了，你自进去看看。”周进一进了号，见两块号板摆的齐齐整整，不觉眼里一阵酸酸的。

古代一些需要用较大数字编号的项目，多采用《千字文》，这恐怕是连作者周兴嗣都始料不及的。

科举 一种官员，尤其是文官的选拔制度。因以分科考试选举官员，故名“科举”。它是我国古代的一项重要发明，对我国社会和文化均产生了深远的影响。它打破了我国自古在选拔官员时对出身的束缚。科举是我国，乃至世界第一种面向全国大多数人民的公平的官员选拔制度。

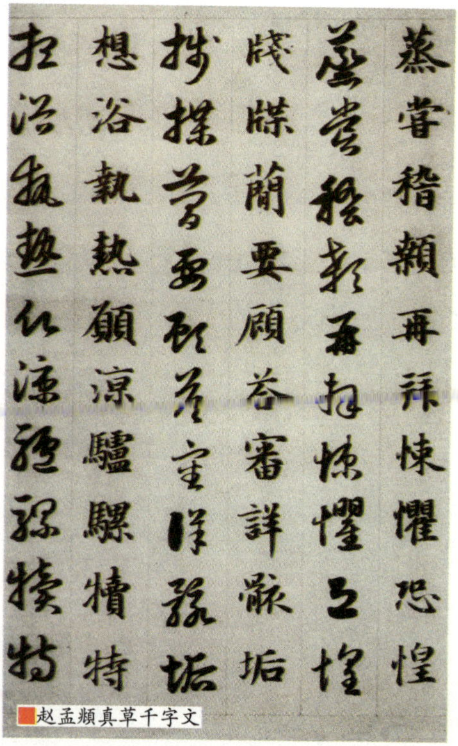

赵孟頫真草千字文

《千字文》与《三字经》《百家姓》被后世称为“三百千”，是3部影响大而流行广的启蒙读物。“三百千”将早期的识字教育与我国的历史文化，以及人格修养的教育巧妙地融合在了一起。言辞简练，含义丰富，朗朗上口，便于诵读。

相比之下，《千字文》基本不存在被后人反复修改增补等问题，因而版本清楚，面貌原始，这给阅读带来了许多方便。

《千字文》问世以来的流传表明，它既是一部流传广泛的童蒙读物，也是我国传统文化的一个组成部分，在我国古代的童蒙读物中，是一篇承上启下的作品。它那优美的文笔，华丽的辞藻，是其他任何一部童蒙读物都无法相比的。

阅读链接

《千字文》作为一部有影响的作品，在很早就涉洋渡海，传播于世界各地，曾作为许多国家的汉字初级读本。

日本不仅有多种版本的《千字文》，而且出现了很多内容各异但都以《千字文》为名的作品。1583 年，《千字文》传入朝鲜，出版了以朝语释义注音的《石峰千字文》，被用来教授儿童学习汉字，成为汉字应用于韩国语言的推动力量。1831年《千字文》被译成英文。此后数十年中，相继出现了《千字文》的法文本、拉丁文本、意大利文本。

儿童启蒙经典《三字经》

南宋时期的1223年8月17日，这一天，庆元府鄞县的吏部郎中王撝喜得一对龙凤胎。他将一双儿女以麒麟和凤凰命名，分别取名为王应麟和王应凤。

王应麟天性聪敏，最讨父亲的欢心。他9岁就能通读“六经”，19岁就中了进士，成了家族的骄傲。王应麟对“程朱理学”很感兴趣，在为官的同时也没有放松勤读经史。

王应麟似乎和麒麟一样，生来就是一身正气。在他担任衢州西安

■ 王应麟（1223年～1296年），字伯厚，号深宁居士，又号厚斋。进士出身，是南宋著名的学者、教育家、政治家。他曾位至吏部尚书，为人正直敢言，屡次冒犯权臣丁大全、贾似道而遭罢斥，后辞官回乡，专意著述20年。他一生著述颇富，计有20余种、600多卷。

甲子 为干支之一，顺序为第1个。前一位是癸亥，后一位是乙丑。我国传统纪年农历的干支纪年中一个循环的第一年称“甲子年”。各个公元年份的年份数除以60余4，或年份数减3，除以10的余数是1，除以12的余数是1，自当年正月初一起至次年除夕止的岁次内均为“甲子年”。

县主簿的官职时，因为年龄小而被一些人看轻，所以在纳赋税时故意延迟，想给这个年纪轻轻的小主簿一个下马威。

结果，王应麟毫不马虎地将所有故意拖延赋税的人都上报给了郡守，要求将他们绳之以法。当地县民从此知道这个脾气倔强的小官吏不好欺负，从此就再也不敢故意捣乱，对他十分畏惧。

王应麟后来步步晋升，但这股正气一直未减。由于他不喜欢像别人那样圆滑处世，无意中得罪了不少人，后来，因为不想包庇污吏而遭到报复，曾经几度被罢官。

宦海沉浮，让王应麟颇感力不从心，但自小以理学自律的他并没有一走了之，而是咬牙为了国家大计在官场上苦苦支撑。

■《三字经》竹简

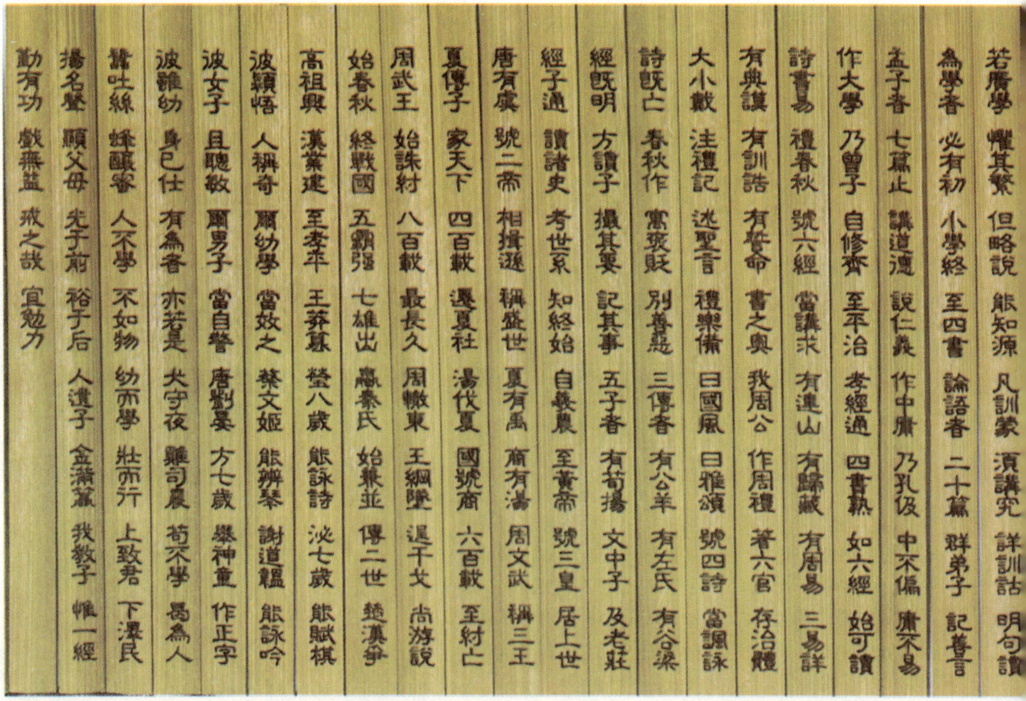

南宋之后，王应麟到远方隐居起来，不愿复出。虽然自身安然无恙，但山河破灭使王应麟痛心，他写文章时甚至只写甲子不写年号，用以怀念南宋。

在默默无闻的隐居时光里，闲逸的生活慢慢冲淡了王应麟心头的惆怅，但他胸中始终有一股郁结之气，硬硬的哽得他喉头难受，让他在无数个夜晚辗转反侧，难以入眠。

到底是在惦记什么呢？王应麟自己也搞不清楚。等他将近古稀之年，自觉时日无多的时候才猛然醒悟，自己实在是不甘心啊！

回想一生，从昔日的毛头小子再到踌躇满志的年轻县官，甚至再到后来的礼部尚书，自己哪一刻不是想着能以学识改变天下黎民的命运，让国家昌盛呢？

彼时虽有小人为伍，却也有君子在侧，总有一份

礼部 我国古代官署之一，是吏、户、礼、兵、刑、工的六部之一，由礼部尚书主管。礼部负责考察五礼，也要管理全国学校事务及科举考试及藩属和外国往来的事项。礼部共分为仪制清吏司、祠祭清吏司、主客清吏司、精膳清吏司这四司。

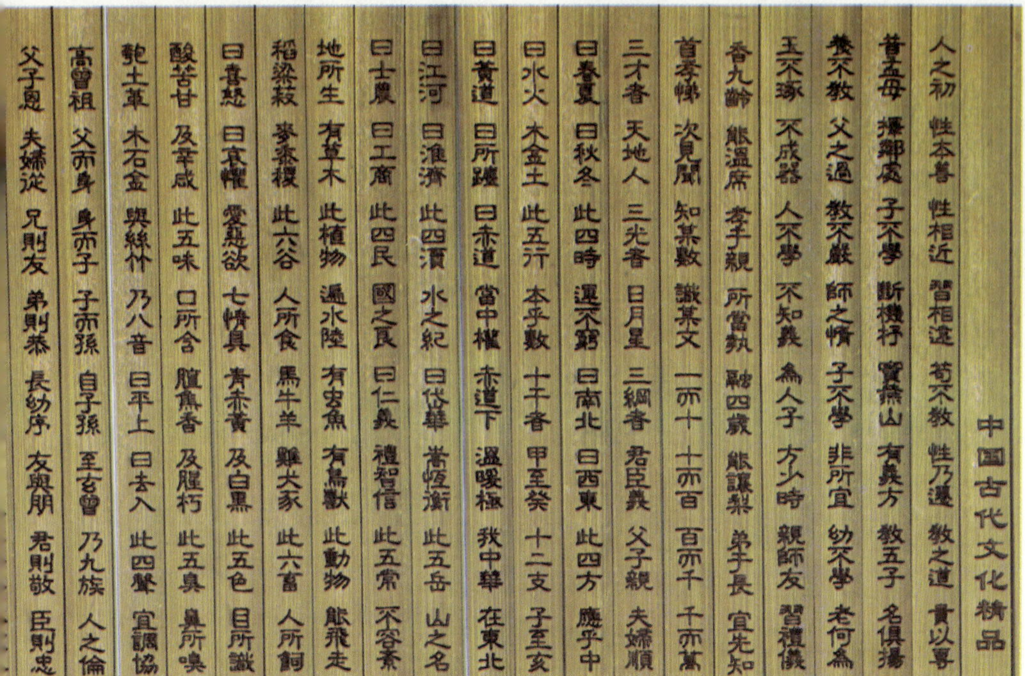

希望值得去拼搏。可惜后来江山破灭，故国不在，自己的一腔壮志也彻底无处抒发了。

王应麟有些后悔，又有些愤懑。眼看自己的年岁渐渐增大，想着再出去闯荡一番是不可能了，不免唏嘘长叹。

王应麟看见了在宅院里嬉闹的孙子孙女，心想，既然“平天下”的志愿已然无望，但至少要把自己的一生所学所想简要地整理出来，留下些东西给自己的后人。如果子孙中能有人从中获益，一生不改君子豪气，它日在黄泉下，自己也就能瞑目了。

王应麟收起了几案摊开的本本著作，准备下笔。写什么呢？他抬手挠挠头，不小心把墨水甩到了脸上。他的一个孙女看见爷爷满脸墨汁，捂着肚子笑翻了天。

孙女银铃般的笑声，使王应麟回忆起了幼时伙

君子 特指有学问、有修养的人。“君子”一词出自《易经》，被全面引用最后上升到士大夫及读书人的道德品质。始自孔子，并被以后的儒家学派不断完善，成为中国人的道德典范。“君子”是孔子的人格理想。君子以行仁、行义为己任。《论语》一书，所论最多的，均是关于君子的论述。

■《三字经》插图

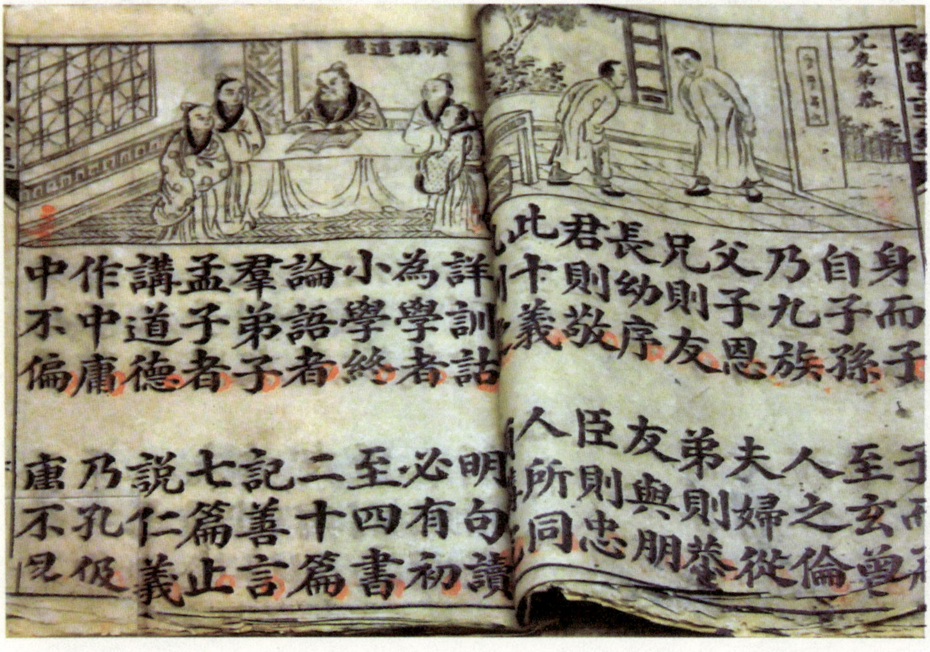

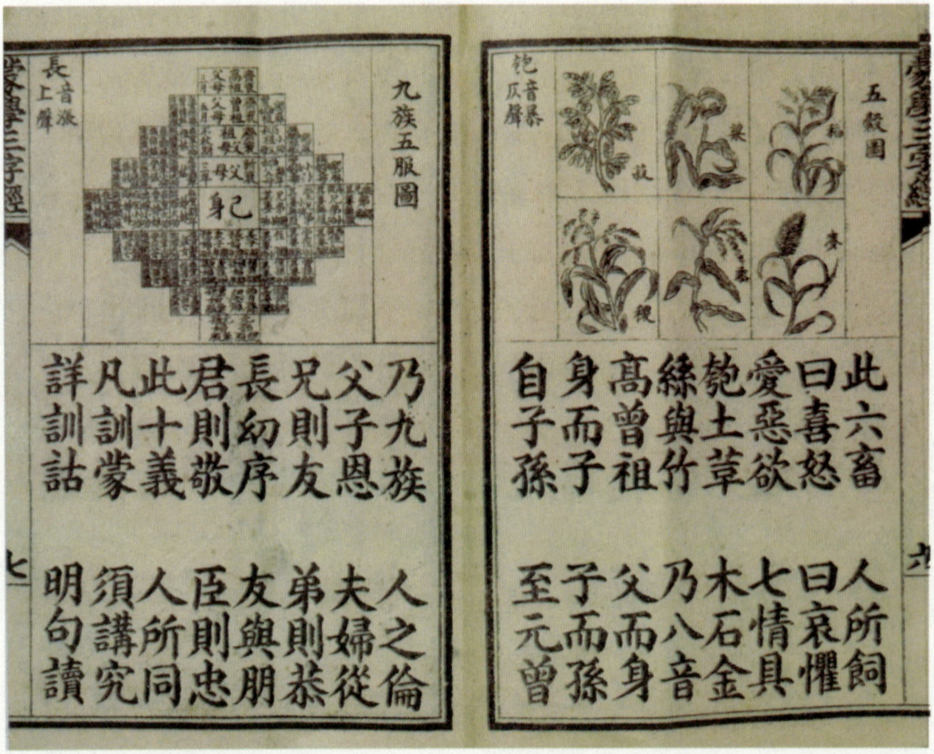

■《三字经》插图

伴们唱歌谣的情景，那时候，自己和妹妹也是这么爱玩爱闹，唱着歌诀跑来跑去。这时，他的脑海里灵光突现："对，就把这些写成三字歌诀吧！"

王应麟毕竟是通古博今的大儒，博学多才，对经史子集、天文地理，都有非常深入的研究。举重若轻的大家手笔写出的这部"三字歌诀"，当然是非同凡响的。

后来，这本融汇了我国文化精粹的"三字歌诀"，就成了后人所说的蒙学传世经典《三字经》。

《三字经》的内容非常丰富，涉及历史知识、天文地理、社会生活等各个方面。时人觉得本书内容很好，纷纷翻印，因此广为流传，经久不衰。

比如"曰春夏，曰秋冬，此四时，运不穷"和

几案 长桌子，也泛指桌子。人们常把几和案并称，是因为二者在形式和用途上难以划出截然不同的界限，"几"是古代人坐时依凭的家具，"案"是古人进食、读书写字时使用的家具，其形式早已具备，而几案的名称则是后来才有的。

"曰南北，曰西东，此四方，应乎中"，是说明季节和方位的；"曰喜怒，曰哀惧，爱恶欲，七情俱"，是说人具有七情六欲等情绪体验和心理意识；"有虫鱼，有鸟兽，此动物，能飞走"，概括说明了动物的种类和特征，不用多解释，幼儿一看就能明白其中的内容。这些贴近幼儿生活的知识，对幼儿的熏陶是显而易见的。

《三字经》三字一句，两字一韵，不禁使人读起来朗朗上口。它像一首诗一样，背诵起来如同唱儿歌，用来教育子女朗朗上口十分有趣，又能启迪心智。

《三字经》短小的篇幅，蕴含着许多深刻的道理，脍炙人口、广为流传。

比如"人之初，性本善，性相近，习相远"，是说每个人出生的时候，天性都是善良的，但长大了以后，受环境的影响，习性就会不一样。这句话是说对儿童的教育非常重要，后天教育得好，方法正确，就可以使儿童成为有用之材，反之，就会有不好的结果。

再如"昔孟母，择邻处，子不学，断机杼"，这就是著名的"孟母三迁""孟母断织"的故事。一迁，是因孟家附近是坟场，孟子就学

孟母择邻图

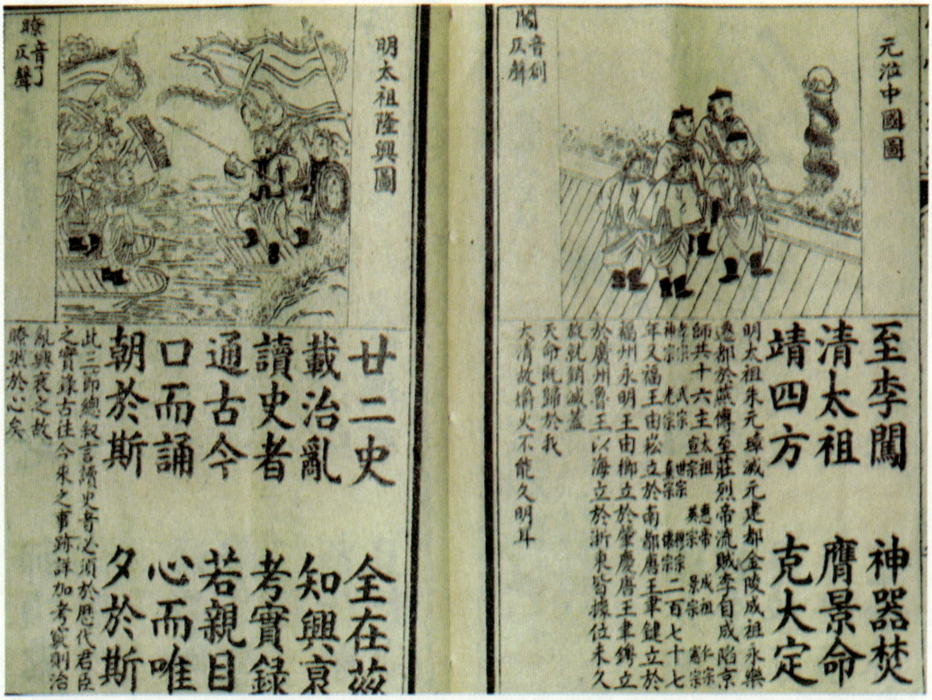

《三字经》插图

人做丧事；二迁，是因邻居是肉商，他就学人卖肉；三迁，迁到了学校附近，孟子上学了，那里人文环境良好，孟母很满意，认为这才是能够教育好孩子的地方。

有一日，孟子逃学回来，孟母一气之下把已织到一半的布剪断，说：“你现在这样，就和我剪断这匹布一样，前功尽弃。”孟子听从了母亲的教诲，从此以后，发奋读书，终于成为一名伟大的思想家、教育家，与孔子合称“孔孟”。

《三字经》中，类似这样有趣又有意义的故事还有很多很多，可以说每12个字就是一个故事，虽然字数不多，但其中都包含着深刻的道理和无穷的哲理，是一本值得所有孩子一读再读的好书，也是可以相伴孩子们左右的良师益友。

孟子 姓孟，名轲，字子舆、子车或子居。生于战国时期的邹国，即今山东省邹县东南。战国时期著名思想家、政治家、教育家，民主思想的先驱。他继承并发扬了孔子的思想，成为仅次于孔子的一代儒家宗师，对后世中国文化的影响全面而巨大，有“亚圣”之称，与孔子合称为“孔孟”。

从明代开始，《三字经》不仅在国内流传，更踏上异国他乡，是国际影响最大的蒙学读物。

世界上最早的《三字经》翻译本是拉丁文，这个首功当属意大利人利玛窦的老师罗明坚。利玛窦是位首开中意文化交流之先河的使者，但是他的老师罗明坚却鲜为人知。当年就是这位罗明坚带着利玛窦来到我国，并指点他学习我国文化。

罗明坚是历史上第一位研究汉学的欧洲人，早在1579年，他就来到澳门学习中文，他首先接触的就是《三字经》。

这本讲述道德培养和学习精神及涵括文史的“小书”让他很快就进入传统儒家文化的领地，他深感这本《三字经》的文化价值和对西方文化界的启发作用，于是他从1581年就开始着手翻译，并将译文寄回

四书 《四书集注·朱熹集注》这部书之简称。书中内容包括《大学》《中庸》《论语》《孟子》《大学章句序》《中庸章句序》《论语序说》《孟子序说》及朱熹之注解文字。《四书集注·朱熹集注》中之“四书”，是朱熹所指的《大学》《中庸》《论语》《孟子》四部书。

■《三字经》插图

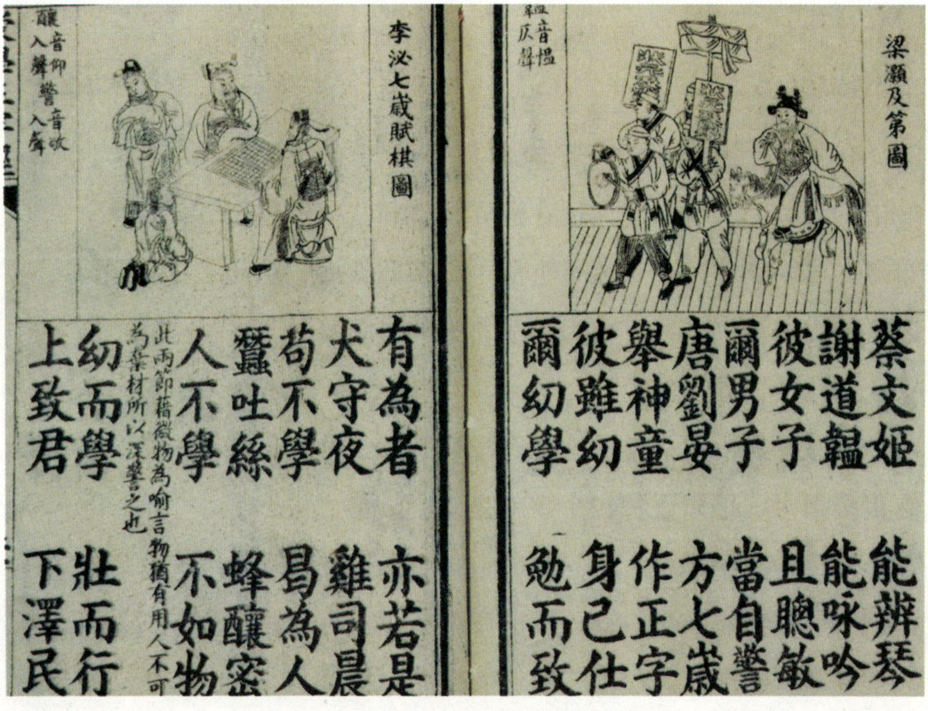

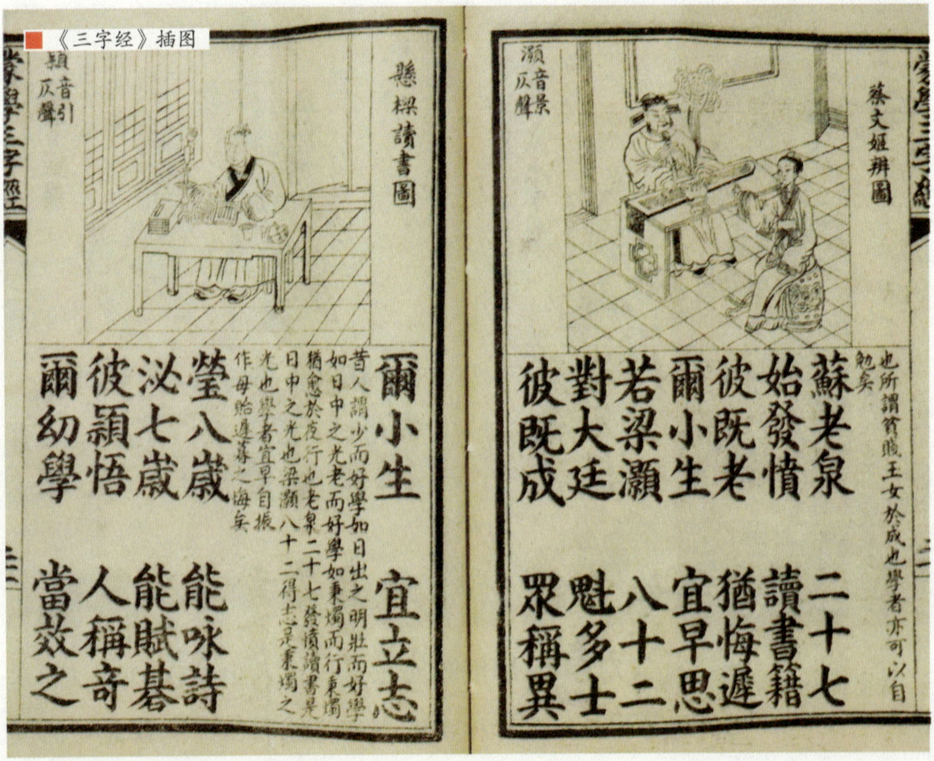

《三字经》插图

意大利，他在附信中还写道“时间仓促，拉丁文译文也很不通顺”。虽然此书当时没发表，但历史仍清晰记录下他的这份不辞辛劳和开创之功。

正是这位自称是“我们已被视为中国人”的意大利学者，更将《四书》《大学》翻译为拉丁语，成为当时欧洲贵族学习东方文化的珍贵资料。

王应麟当然没想到，自己的这本启蒙书，在200多年后，竟由一位素不相识的意大利人翻译为“番文”，漂洋过海，来到“番邦”，还成为这些洋人认识“中国文化”的入门必备书。

在意大利人一字一句地朗读《三字经》的那会儿，俄罗斯人也开始与这本小书结下了不解之缘，他们意想不到的是，这本小书竟在日后的俄罗斯历史上产生了不可低估的文化作用，并成为大诗人普希金钟爱的“中国读物”。

清代《三字经》教子图

1727年，沙俄政府派遣一批人士到我国学习儒家文化，来到这片神奇的东方土地后，他们首先要研读的就是这本单薄并不起眼的《三字经》。

这本字仅一千、涵括万物的神奇小书，令素来有点傲慢的欧洲人渐生好奇，而其中默不知名的一位学生罗索兴更埋头将它翻译为俄文，后竟入选培训教材，成为当时文化界的流行读物。

1779年，彼得堡帝俄科学院又公开出版了列昂节夫翻译的《三字经及名贤集合刊本》，因其内容与当时女皇叶卡捷林娜二世推行的讲求秩序的“开明专制”等政治策略不谋而合，政府遂正式“推荐给俄国公众”并走向民间。

不过，真正令《三字经》深入俄国民心的是“俄国汉学之父”俾丘林。他曾在北京生活14年，深谙经史，更明晓《三字经》的文化内涵和社会影响，他在

孟母　（？～前317年），孟子的母亲仉氏，战国时人，以教子有方而著称。孟子3岁丧父，靠母亲教养长大成人，并且成为后世儒家所追慕向往的亚圣，孟母也留下了“孟母三迁”“断机教子”等教子佳话。仉氏克勤克俭，含辛茹苦，坚守志节，在我国历史上受到了普遍尊崇。

1829年推出《汉俄对照三字经》。此书甫一推出，果然立即受到社会各界的高度关注。

俄国教育界在当时也正好在讨论儿童教育问题，《三字经》中“孟母三迁”等典型例子，让这些满口高雅法语的贵族们惊讶于早在2000年前这个毗邻大国的一位母亲就探索出一种有效的教育方法，于是，《三字经》成为“俄国人阅读中文翻译本的指南”，并成为当时社会的流行读物。

此外，其他国家如英国、美国、法国的汉学权威在介绍我国传统经典时，大多都将《三字经》与《论语》《孟子》等儒家圣人经典并列推介。他们这种出自非功利色彩的选择，正好道出《三字经》不可小觑的文化意义。

所有这些，都折射出《三字经》所蕴含的令人无

汉学 或称中国学、国际汉学、海外汉学、域外汉学、世界汉学，是指我国以外的学者对有关我国的方方面面进行研究的一门学科。汉学奠基者是清代汉学家惠栋，他一生治经以汉儒为宗。1814年12月11日，在法国法兰西学院主持了第一个被称为西方汉学起点的汉学讲座。

《三字经》里的孔子师项橐故事

孟母劝学图

法绕开或轻视的文化分量。

经过数百年的流传，《三字经》从乡间走向宫廷内外、走向世界各地，其间的曲折历史和历代学者的心血与贡献可谓纸书难尽。

总之，《三字经》作为儿童启蒙经典，是中华民族五千年历史的缩影，其内容涵盖量非常丰富、全面。《三字经》能让世界了解我国的历史文化，它对世界文化的贡献可谓垂裕千秋，造福后代。

阅读链接

关于《三字经》的作者王应麟，有的说他是开封府人氏，也有的说他是顺德人氏，众说纷纭。研究《三字经》，不得不关注王应麟和区适子这两个人。

区适子是广东顺德人。据《宋史》载：区适子，宋末县境鮀洲人，以博学多才闻名乡里，人称“登洲先生”。这一点不存在争议。他和王应麟几乎是同一时代的人，但区适子是不是王应麟，或许他们所撰写的是不同版本的《三字经》，或者说《三字经》是王应麟和区适子合著的，这一点尚待考订。

行为规范的《弟子规》

那是在清代顺治年间的1647年，山西新绛的一个山村里，李家一个名叫李毓秀的孩子出生了。李毓秀从小并没有展示出多么过人的天资，人生经历也很普通，但他最大的特点就是性情温和豁达。

李毓秀画像

李毓秀年轻时师从同乡学者党冰壑，游学近20年。科举不中后，就放弃了仕进之途，终身为秀才，开始致力于研究学说。在研究了不久之后，他慢慢对《大学》和《中庸》产生了不小的兴趣，决定仔细钻研。

后来，李毓秀想把自己所知的心得和学术上的成果惠及各方，就创办了敦复斋讲学。当时的人也有讥讽他的，但是李毓秀毫不在意。在他看来，自己并不是什么所谓学术大家，也不是要博取美名，办学堂只是自己的想法罢了。

《弟子规》书卷雕刻

李毓秀平和的心态和毫不矫揉造作的讲学风格吸引了很多人，再加上他对儒家的学说钻研得深，又有准备科考的学术底子，因此也能出口成章，语言风格平易近人。渐渐地，来听他课的人越来越多，路过李毓秀家或学堂门口的人，都会看见地上有密密麻麻的脚印。

贾存仁 字木斋，清乾隆朝辛卯科副榜。工书法，精韵学。对《训蒙文》从形式到内容都进行了修改和订正，付出了巨大的心血，对《弟子规》的传播和发扬光大做出了不可磨灭的贡献，今人应视贾存仁先生为《弟子规》作者之一。

想讲学就不能没有教材。李毓秀同样认为《大学》这种典籍不适合理解，尤其是不适合小孩子理解。如果只会背诵其中的句子而不解其意，就和不会没什么两样。

在这个想法的推动下，也结合他自己的教书实践，李毓秀写了《训蒙文》，后来经过贾存仁的修改订正，改名为《弟子规》。

也许连李毓秀自己也没想到，自己和朋友的一个举手之劳，一个为了成全讲学而编出的教材，居然成了传世的教化之书。

《弟子规》吸引人的地方也是李毓秀本人的性格魅力所在。李毓秀是个乐观豁达的人，基本上对于什么事都想得开。在他的意识里，考不上功名就回家呗；想讲学的话，那就开个学堂好了；没有教材，自己写一本不就好了。这种随性又亲切的处事风格也被李毓秀带进了《弟子规》里。

《弟子规》除了宣扬儒家传统美德之外，还引用了大量典故和民间故事举例，没有以往典籍相对于普通百姓的生硬和晦涩，因此十分受欢迎，流传得很快。

比如，《弟子规》里面讲勤学苦练的重要性时，就有一句“有余力则学文”，这讲的就是董遇善于利用时间，刻苦求学的故事。

根据三国时代记载魏国历史的史书《魏略·董遇传》的记载：三国时期的魏国，有一个人叫董遇。他自幼生活贫苦，性格木讷，却十分喜爱学习，无论条

三国 我国东汉与西晋之间的一段历史时期，主要有曹魏、蜀汉及东吴三个政权。赤壁之战中曹操被孙刘联军击败，造成了三国鼎立局面的形成。220年曹操之子曹丕篡汉称帝，国号“魏”，史称曹魏，三国历史正式开始。280年，西晋灭亡东吴，三国时期结束，进入晋代。

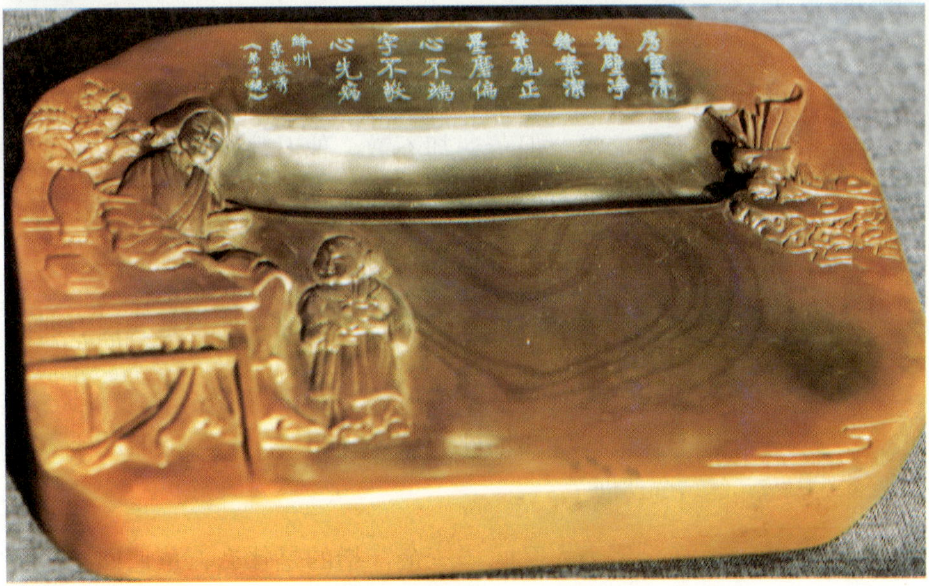

■《弟子规》砚台

■《弟子规》中“亲有疾，药先尝”图

件多么艰苦也会抓紧时间看书，他哥哥耻笑他多次，但董遇丝毫不受影响。

董遇对《老子》很有研究，后来，他的学问已经大到可以为《老子》作训注了。董遇对《春秋左氏传》也下过很深的功夫，根据研究心得，写成了《朱墨别异》。

由于董遇的名声越来越大，不久之后，有人来向董遇求学，但董遇却不教。他对那个人说：“你先去把书读上百遍再说吧。读上那么多次之后，书中的道理就不言而喻了。”

来求学的人面露难色抱怨说：“可是我没有时间读那么多遍书啊。”

董遇反问他说：“你利用‘三余’的时间不就行了吗？”

那个人又问“三余”指的是什么，董遇回答说：

《老子》又称为《道德经》《五千言》，是我国古代先秦时期诸子分家前的一部著作，传说是春秋时期的老子所撰写。《道德经》是道家哲学思想的重要来源。分上篇《德经》和下篇《道经》。是我国历史上首部完整的哲学著作。

“三余指的是三种空余时间：冬天是一年之余，晚上是一天之余，雨天是平日之余。”

那人听了恍然大悟，原来求学之道就是要通过一切可以利用的时间来读书学习，以提高自己的水平。

《弟子规》里面也强调父母对孩子的教育作用，认为古今以来孩子大都贪玩，最重要的是要能在父母的合理监督下认真求学不松懈。因为世上本没有天生的圣人，而是一点一滴的坚持和改变造就了人们的生命轨迹。

《弟子规》引述了我国古代妇女学古籍《列女传》中记载的孟母断杼教子的故事。通过这个故事，李毓秀强调母亲教子的重要意义。

《弟子规》中的一句“冬则温、夏则清”，指的是宣扬儒家思想及孝道的古籍《二十四孝》中的首位孝子黄香的事迹。

《列女传》一部介绍我国古代妇女行为的书，“列女”就是“诸女”的意思。《列女传》有一百多个故事，主要是在表彰美善，歌颂古代妇女高尚品德、聪明才智以及反抗精神的内容，对后世影响很大。

■《弟子规》“丧三年，常悲咽”图

《弟子规》"扇枕温衾"典故

黄香家住云梦县城北，他9岁时，母亲不幸去世，家里非常贫寒，他对母亲十分怀念。安葬母亲后，黄香在母亲坟前盖了个草庐。黄香白天帮父亲劳作，夜晚在墓庐里一边守墓，一边挑灯夜读，这一守就是3年。不仅如此，黄香对父亲格外孝敬。夏日炎炎，他为父亲摇扇驱蚊解暑，直到父亲入睡，方才回墓庐学习；严寒冬日，黄香总是先用自己的体温把被子捂热后，再请父亲入睡，唯恐父亲受凉。

《弟子规》中提到的《二十四孝》事迹不止这一个，"亲所好，力为具"讲的是春秋时期郯国国君郯子以鹿乳奉亲的事情。

郯子是春秋时期人，十分孝顺。当时，郯子的父母年老，患眼疾，需饮鹿乳疗治。他便披鹿皮进入深山，钻进鹿群中，挤取鹿乳，供奉双亲。

扇 我们的祖先在烈日炎炎的夏季，随手猎取植物叶或禽羽，进行简单加工，用以障日引风，故扇子有障日之称，这便是扇子的初源。而最早的文字记载，则有"成于商殷"之说。我国的扇文化，内涵丰富，源远流长，拥有厚重的历史积淀和人文底蕴，是中华民族文化的重要组成部分。

在一次取乳时，猎人看到了郯子的装扮，以为是麋鹿想射杀他。郯子急忙掀起鹿皮现身走出，将挤取鹿乳为双亲医病的实情告知猎人，避免了被误杀的危险。从此，郯子的贤名不胫而走。人们纷纷拜郯子为师，学知识，学做人。就连孔子也曾经来此住过一段时间，接受郯子的教诲。

人越聚越多，郯子的家乡由乡村变成了城镇，又由城镇变成了邦国，就称作郯国。当地的人们都一致推举郯子做了郯国的第一任国君。

郯子 己姓，子爵，春秋时期郯国国君。在当时，东周王室渐趋衰败，诸侯大国之间相互争战侵吞，天下动乱。郯国虽是区区小国却颇有名气，这其中主要原因是国君郯子的政绩、才华和仁孝之德，赢得了人心。

《弟子规》中的“亲爱我，孝何难；亲憎我，孝方贤”，讲的则是晋代人王祥为了继母而卧冰求鲤的典故。晋代的王祥在幼年时就失去了母亲。父亲又娶了继母，继母朱氏不喜欢王祥，经常在父亲面前说他

■《弟子规》“鹿乳奉亲”典故

晋代 我国历史上9个大一统朝代之一，分为西晋与东晋两个时期。它上承三国，下启南北朝，属于六朝之一。265年司马炎自立为皇帝，国号晋，定都洛阳，史称西晋。317年，晋室南渡，司马睿在建邺建立东晋。420年，刘裕建立宋，东晋灭亡。

的坏话，久而久之，连父亲也不喜欢他了。虽然失去了父母的宠爱，但是王祥仍然很孝敬自己的父母。

有一年冬天，继母病了想吃新鲜的鲤鱼。当时天寒地冻，河面都结冰了。王祥为了捉到活鱼，竟然脱掉衣服卧在冰上，希望能用体温化开河面的冰以后再捕鱼。这时，冰忽然自行融解裂开一条缝，从里面跃出两条鲤鱼，王祥于是拿回去供母。王祥的孝行感动了继母，以后继母对他也就格外关心起来了。一家人的生活慢慢融洽和谐起来。

《弟子规》中说的“亲有过，谏使更；亲憎我，孝方贤”，指的也是《二十四孝》中的内容，是“芦衣顺母”这个典故。

周代时候有个孝子叫闵损，字子骞。闵子骞是孔子的学生。生他的母亲，早已过世了，他的父亲娶了一个后妻，生了两个儿子。那个后母很厌恶闵损，冬

■《弟子规》“卧冰求鲤”典故

■《弟子规》“单衣顺母”典故

天的时候，给自己亲生的两个儿子做了棉絮做的衣裳，给闵损穿的衣裳却是只装着芦花的。

有一天，他的父亲叫闵子骞推车子外出。可是因为衣裳单薄身体寒冷，一个不小心，他不觉失掉了车上驾马引轴的皮带子。父亲认为儿子太粗心，所以很生气，就手拿鞭子拍打他。鞭子把衣服抽破了，露出全是不保暖的芦花，父亲才知道闵子骞是穿着芦花的衣服。回家后，父亲再摸摸另外两个孩子的衣服，却是暖和的棉花。闵子骞的父亲终于明白是妻子虐待了闵子骞，一气之下，就要赶走后母。

这时，闵子骞跪下来哀求父亲，说：“母亲在家，只有孩儿一人受冻，如果母亲走了，家里就有三个孩子要受寒。” 这两句话感动了父亲，留下了后母，也使后母知道反省改过，而变成了慈母。

闵子骞（前536年~前487年），孔子高徒，在孔门中以德行与颜回并称，为“七十二贤人”之一。他为人所称道的主要是孝。在千年之后的《二十四孝图》中，闵子骞排在第三，是中华民族文化史上的先贤人物。

闵子骞的孝行是发自天性的，不管父母对他是疼爱还是憎恶，他始终都是用心尽孝，安慰了一家人的心，让一家人各安其分，保全了一个濒临破碎的家庭。

《弟子规》全文1080个字，本是童蒙养正宝典，看似一本不显眼的小书，实际上里面蕴含着做人做事做学问的大智慧。《弟子规》的总叙中有7个科目，即孝、悌、谨、信、爱众、亲仁、学文，前6项属于德育修养，后1项，即学文，属于智育修养。

《弟子规》汇集了我国至圣先贤的大智慧，首先教育孝顺父母、恭敬兄长，继而教育把对父兄的孝敬扩大到社会，“事诸父，如事父；事诸兄，如事兄”，进而教育泛爱众，“凡是人，皆须爱”，通篇讲的是爱心。

《弟子规》所讲的道理正是圣人的训诲，从“入则孝，出则悌；谨而信，泛爱众”，亲仁及余力学文着手，在生活中要经常广泛运用，逐步孕育出重德、崇德、立德、尚德、明德、修德，厚德品行。

《弟子规》对后世影响颇大，可以使后人汲取前人在修身处事、治国理政等方面的智慧和经验，养浩然之气，塑高尚人格，不断提高人文素质和精神境界。

阅读链接

《弟子规》里有这样一句话：“冠必正，纽必结；袜与履，俱紧切。”意思是说帽子要带好；纽扣要系好；袜子和鞋也要穿好。

孔子的学生子路是个很讲究仪表的人。有一年，卫国发生了内乱，正在国外的子路听说后，急忙往回赶。进城之后，子路竭力帮助国君平叛，但还是因为寡不敌众，被敌人的武士击中，帽子上的缨带也被割断了。子路知道自己难逃一死，立即停止搏斗，说“君子虽死，但不能让帽子脱落而失礼”。于是他从容地系好帽子后便死了。

处世语录

处世是一种艺术，更是一种功夫，善处世者，无不注重学习儒家的正身修身思想。在这方面，古人给我们留下了宝贵而丰富的遗产，比如《小窗幽记》《菜根谭》《围炉夜话》《增广贤文》等。

这些关于修养、人生、处世的语录文集，在对浇漓世风批判的同时，阐释了深刻的含义，透露出哲人的光辉。

它们是儒道真理的结晶，是万古不易的教人传世之道，也是旷古稀世的奇珍宝训，对于人的正心修身，养性育德，有着不可思议的潜移默化的力量。

涵养心性的《小窗幽记》

明朝时期，江南有一个著名的鱼米之乡，叫作华亭。在华亭的东北部，有一个泖桥村，村名以古桥“泖桥”而得名。明嘉靖时的1558年12月14日这一天，泖桥村有一个孩子出生了，他的父母给他起名叫陈继儒。

陈继儒着色像

陈继儒天资聪颖，4岁即知字学，研习苏轼和米芾的墨宝。5岁在其父陈濂石膝上受书，即能成诵。6岁入小学。9岁从塾师周云汀，受艺文熏陶。10岁时，“毛诗、书、义”已皆通达。13岁，始习时艺，旁及“五经”、子、史。16岁，知识已相当渊博。

陈继儒21岁参加童子试，华亭邑侯奇大为赏识，取他为第一，入县学。当朝首辅徐阶，亲为延见，陈继儒因讲时习之学，徐阶叹服不止。后来参加科考，以第七名的成绩取得乡试资格。

1580年，陈继儒因家里经济窘困，就馆于王翼明家，与唐文恪、董其昌、力学宪、何士端等切磋艺文。25岁赴南京科考，不第，后来再次科考不第，遂视功名为嚼蜡。

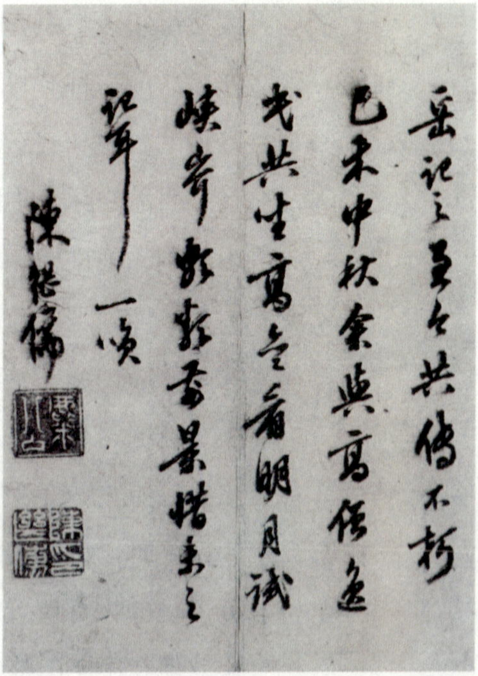

陈继儒书法作品

由于科举不第，陈继儒重新审视、规划自己的人生之路，最终决定放弃仕途，走向归隐。在29岁那年，他以惊人之举，来到小昆山，像东晋时的文学大师陶渊明那样，过起了隐居生活。这是对传统价值观进行反叛和颠覆，与仕途决裂。

一般来说，选择做隐士的人或是官场失意，或是故国已亡，在自己的小天地里继续保有一方故土。但陈继儒甚至没有进入官场就选择了永远退出，而且是在意气风发的年纪。

事实上，考试对陈继儒来说，可以说是在儒家观念下的一种“他我”行为。在一种集体意识支配下，陈继儒同其他士子一样想通过科举获得功名，实现人生价值。但科场多次失利，使其对科考这一行为产生反思与怀疑，并失去信心，遂视功名为镜中之花。又

小昆山 位于松江西北境内，距城区约10千米。小昆山有5000多年人类文明史，现有两处新石器时代古文化遗址，是上海历史文化的重要发源地。人称“先有小昆山，后有松江城，再有上海滩”。小昆山为著名西晋文学家陆机、陆云的故乡，《小窗幽记》作者陈继儒曾在此隐居20年。

徐阶（1503年~1583年），字子升，号少湖，明松江府华亭县人。明代名相，嘉靖朝后期至隆庆朝初年任内阁首辅。徐阶的整个政治生涯中的最为人称道就是他斗倒了权势熏天的严嵩。去世后赠太师衔，谥号文贞。著有《世经堂集》《少湖文集》等。

因父母年迈、家庭贫困等原因，故隐居是他经过深思熟虑后的一种“自我”行为，其绝进取之路，求快意自适的思想和心态。

明清之际，小昆山林木翳然。陈继儒结茅于小昆山之阳，他性格随和，善于处世，因深得“圆融”之妙，故能处理好与达官显贵之关系，其先后曾就馆于沈太仆、杨继礼、徐阶、王士骐、项德显等家。

陈继儒又因文采出众，也时常为人代笔，收润笔之资。同时又有好友慷慨馈赠山田，故得以构亭筑园，终日以诗文书画自娱其间。在声名隆盛之后，又编书刻书，行情看好，其家境也逐渐殷实起来。就这样，他在小昆山整整隐居了20年。

陈继儒虽归隐，却并非四根清静、放弃社会责任。其归隐是一种朝市之隐，“吾隐市，人迹之市；

陈继儒书画作品《梅石图》

隐山，人迹之山”。归隐后，他依然家事国事天下事事事关心，特别是有关地方旱潦转输等事，其往往慷慨上书官府，洋洋千言，当事者常常为之动容，最后按其意愿付诸实施。陈继儒也由此被冠以“山中宰相”之名。

陈继儒书画作品《红梅绿竹》

陈继儒作为一代山人之首，其仕隐生活及心态颇具典型意义。他曾经和陶渊明一样，在破残的家园里喝过闷酒，欣赏过苍凉的秋景。秋景虽然多了一股苍凉，多了一点野性，但他看到了满地金黄。这种金黄是他用自己的艰辛、苦难创作出来的精神财富与文化成果，《小窗幽记》就是他的文化成果之一。

原来，陈继儒虽远居在山林之中，却渐渐发现自己无法再心安理得地享受闲逸了，即使能眼不见心不烦官场上的纷争，但平常人的苦难他却是看在眼里的。

陈继儒想，自己的一身才华无处展示，即使不能强求世人都舍弃功名利禄，但著书立说教人处世之道的精力还是有的。

于是，他回到书房中，将平日里消遣用的书画随手移开，开始撰写。

在书稿将成之日，陈继儒想到自己总是从书房中的窗户内窥到外面的风光景色、院中的落英缤纷，就也想让读这部书的人能和自己一样，可以借着这小小

王士骐 字冏伯。明代太仓人。1582年江南乡试解元，后来登进士，与睢州袁可立、云间董其昌同科。授兵部主事，任至礼部员外郎，有政绩。后署吏部郎中。著作《晋史》《四侯传》《醉花庵诗选》5卷。赠太仆寺少卿。《明史》中有传附。

的一扇窗看清一些人世纠纷，因此将此书取名为《小窗幽记》。

《小窗幽记》分为醒、情、峭、灵、素、景、韵、奇、绮、豪、法、倩12集，内容主要阐明涵养心性及处世之道，表现了隐逸文人淡泊名利，乐处山林的陶然超脱之情。其文字清雅，格调超拔，论事析理，独中肯綮，为明代清言的代表作之一。

作为一个隐士，陈继儒最关心也最想要强调的事情，就是要让世人从喜爱名利的沼泽中能脱身出来，劝他们放下名利和争端，求得内心的一片安宁。他在《小窗幽记》里说：

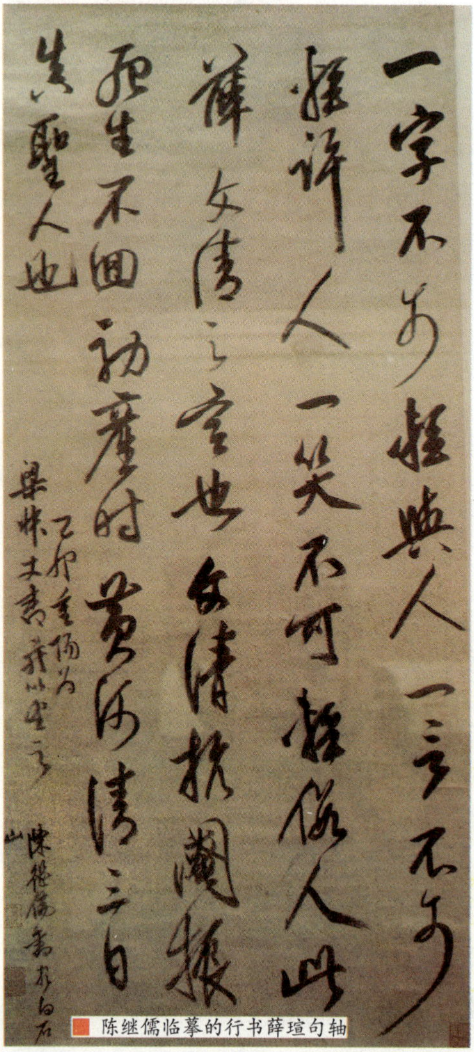
陈继儒临摹的行书薛瑄句轴

贫贱之人，一无所有，及临命终时，脱一厌字。富贵之人，无所不有，及临命终时，带一恋字。脱一厌字，如释重负；带一恋字，如担枷锁。

意思是说，贫穷低贱的人因为一无所有，面对死亡时反而会觉得解脱；应有尽有的富贵者却会在临终前对财富依依不舍。因厌倦而带来的解脱感使人不惧死亡，因贪恋而带来的依依不舍反而会使人虚弱。

陈继儒在《集醒篇》中曾经这样慨叹：饮了中山人狄希酿造的酒，可以一醉千日。如今世人沉迷于俗情世务，终日追逐声色名利，可说没有一日不在醉乡。

好名的人醉于朝廷官位，好利的人醉于民间财富，豪富的人则醉于妙声、美色、高车、名马。如何才能获得一剂清凉的药，使人服下获得清醒呢？

饮了中山酒，要醉上千日，千日之后，还有醒时。而能使世人昏昏逐逐，一生犹不醒的，无非是以名利作曲、以声色为水所酿出来的欲望之酒。

《渊明醉归图》

这种酒初饮时心已昏醉，不知身在何处。再饮之后因渴而求，求而越渴，渴而越求，终至一生性命与之，而不复醒。此时若问：“心在何处？”心已失落在名利声色之中；若问：“身在何处？”身已追逐幻影而不止歇。

中山酒只能醉人千日，千日之中不能自主；欲望之酒可以醉人一生，一生之中不能自主，但世上很多为此至死而不醒的人。

酒醉的人，只要给他喝下“醒酒汤”就能清醒，然而，在名利声色中沉醉的人，要如何唤醒他呢？有什么样的清凉剂能唤醒心的迷醉？

也许只有清醒人留下的清醒语吧！在醉梦中做的事都是纷乱的、幻影的事，只有醒来才能做一些真实

狄希 《搜神记》中所记载的古代酿酒师之一。据说狄希会酿造一种“千日酒”，喝了这种酒会醉上千日，曾有人因为喝了狄希没有酿造完的千日酒而昏睡了一千天后才醒来，其间差点被其家人误认为已经过世。

的事，因此，“醒”是第一要务，唯有醒了，生命才可贵，天地宇宙才真实。

陈继儒隐居山中之后，迎接过很多自称为名士的来访者。有的人是真心想与他结交；有的人则是心怀愤懑想与他一吐为快，实际上内心仍然沉醉在功名之中；还有的人，则是为了沽名钓誉，见见他讨个话头罢了。

陈继儒在山中清闲惯了，因此，在来访的人中谁是心静而志同道合的隐士，谁是愤世嫉俗满腔怒火的粗人，谁是只求虚名的市井之徒，他一眼就能分辨出来。由此，陈继儒分享了自己的识人经验：

陈继儒作品《云山幽趣图》

淡泊清静的操守，必须在声色富贵的场合中才试得出来。镇静安定的志节，要在纷纷扰扰的闹境中考验过，才是真功夫。

莲花被人视为纯洁的象征，是因为它出污泥而不染。一个人心境的淡泊也是如此，真正的恬淡不是未经历过世事的空白，而是经历任何声色豪富的境遇，都能不着于心。

有的人在贫穷中守得住，在富贵中却守不住；有的人在富贵中守得住，在贫穷中却守不住。能够淡泊，就是不贪浓艳之境，而这淡泊之心，有的是从修养中得来的，也有的是天性如此。

“定”代表着心如止水般的不动摇。世间是五光十色的，足以诱动心志的事物实在太多，而身处尘世能不动摇的又有几人？大多数人在名利中动摇，在身心的利害中动摇。

常人认为泰山是不动摇的，但泰山崩于前，却不能不动摇。动摇的人是受环境的牵动，环境要他向东，他便不能向西。不动摇的人是不为环境所动的，反之，环境将以他为轴心而转动。在紊乱的环境中能保持安定的心境，才能掌握自己的方向。

陶渊明画像

在陈继儒的来访者中，那些深受虚名困扰、不知该如何取舍的人也有不少，他们哀叹着自己的际遇，抱怨着命运的不公，想要集君子的诸多美德于一身却不知从何做起，想建功立业却又郁郁不得志，想乐善好施却从不被报以恩情。

陈继儒在这些看似苦恼的哀叹中，看到的却是他认为在官场中最可怕的一点，也就是求报偿。自古以来，圣贤们都会异口同声地说，为善的原则就是不能要回报。

做善事却想要被报答，为政清廉却想要受嘉奖，

隐士 特指才华横溢却又不愿做官，隐居山林的知识分子。隐士是我国特有的历史背景下产生的特殊群体，核心内涵就是指宁肯隐居也不做官的人。我国隐士之风最盛行是在魏晋时期，这和当时道家崇尚自然的思想影响有关，也和当时的形势有关。

乐于助人是为了赢得好名声，这样的心态和不为善的人一样，是不纯净也不仁义的。君子的仁发于本心，不求回馈；君子的善德是为自己修身，不是为求别人感激：

市恩不如报德之为厚，要誉不如逃名之为适，矫情不如直节之为真。

给予他人恩惠，不如报答他人的恩德来得厚道。邀取好的名声，不如逃避名声来得自适。故意违背常情以自命清高，不如坦直做人来得真实。

因此，示他人恩惠以取悦对方称为“市恩”，有买卖的意思，“市恩”大部分是怀有目的的，或者是安抚，或者是希冀有所回报，这和买卖并无不同，恩中既无情义，也不足以令人感谢。

但是，无论是“市恩”，或是出于诚意的恩惠，总以回报为上。一个人一生承受他人的恩德不在少数，报之犹恐未及，哪里还能再图他人的恩惠呢？所以，“市恩”不如报德为厚，而最大的报德在于以德

董其昌（1555年~1636年），字玄宰，号思白、香光居士，曾居松江。明代书画家。官至南京礼部尚书，卒后谥文敏。擅画山水，师法董源、巨然、黄公望、倪瓒，笔致清秀中和，恬静疏旷；用墨明洁隽朗，温敦淡荡；青绿设色古朴典雅。

陈继儒书法

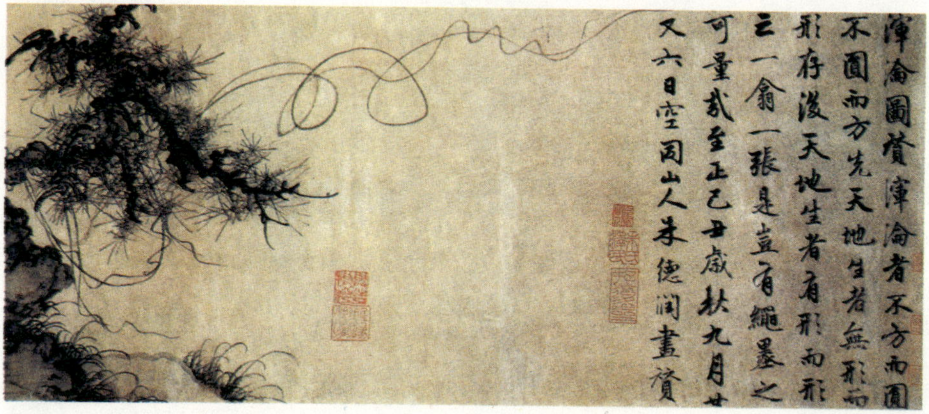

报之，并非在于报惠。

由于陈继儒工书善画，与董其昌齐名，其文读来颇有风致。整部书除了能让人耳目一新外，于处世修身，砥砺操守或有启发，与明代洪应明的《菜根谭》和清代王永彬的《围炉夜话》一起并称“处世三大奇书”。

全书始于“醒”，终于“倩”，虽混迹尘中，却高视物外；在对浇漓世风的批判中，透露出哲人式的冷隽，其格言玲珑剔透，短小精美，促人警醒，益人心智。它自问世以来，不胫而走，其蕴藏的文化魅力，正越来越被国人所认识。

陈继儒桃花图轴

阅读链接

明代“四大家”本有沈周、文徵明、董其昌、陈继儒之说，一说沈、文、董、陈为“吴派四大家”，而沈、文、唐、仇原只是被称为“吴门四家”。唐、仇成就的影响却远逊董其昌，董其昌在当时和后世左右了山水画坛的主流发展，陈继儒是董的朋友和同道，其成就并不在董其昌之下，有些成就甚至在董其昌之上。

内阁要臣太仓王锡爵招陈继儒与其子王衡读书。文坛领袖“后七子”之首的王世贞亦雅重陈继儒。三吴名士欲争陈继儒为师友，一时名声大振。

处世思想格言《菜根谭》

明代万历年间，有位学者名叫洪应明。和所有的有志之士一样，洪应明毕生的梦想就是以自己的才学和能力修身治国平天下。可惜，当时的明王朝虽然经济繁荣，思想活跃，但是政权已经呈现颓败之势，民间的奢侈之风盛行，官场也随之腐化。

洪应明画像

洪应明在几次碰壁之后，终于明白想靠走上仕途而报国的心愿是实现不了了。虽然他对国家满腔热血忠心耿耿，但一个王朝的败坏之处靠他一己之力是无论如何都难以撼动的。

被泼了一头冷水的洪应明被迫放弃了自己的梦想。他一改年少时迫不及待跻身官场的热切，变得消极、悲哀。

眼看着国家在慢慢消亡，感觉就和目睹自己的亲人身染重疾却无力医治一样。为了不再忍受这种折磨，洪应明干脆归隐山林，专心礼佛。

从一个踌躇满志的青年才俊转变到一个心如死灰、靠佛经舒缓痛苦的隐士，洪应明心中的感慨和苦衷是可想而知的。但在他内心里，他又是有些隐隐不安于这种“壮士未酬身先死”的无奈和悲哀。

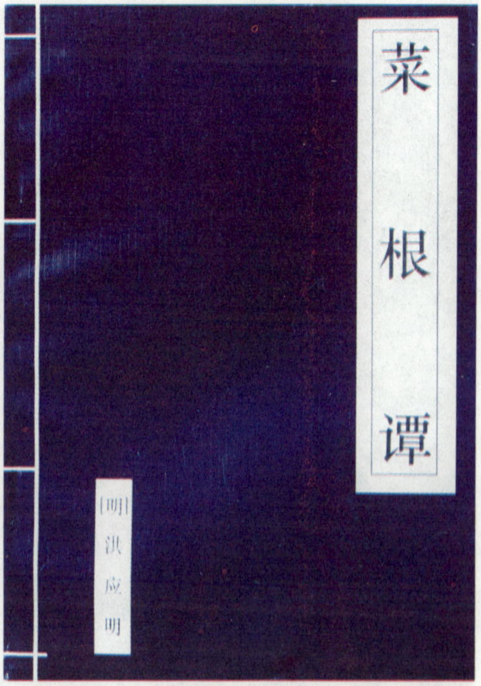

《菜根谭》古籍

在当时，既不愿意与当权者同流合污，也不愿意违心迎合世俗的社会风气的有志之士并不止洪应明一个人。这些才高八斗的人无法改变现实，就只好靠文字来宣泄自己心中的痛苦。洪应明也在其中，并写出了《菜根谭》来表现隐者的高逸超脱情怀。以“菜根”为本书命名，意谓“人的才智和修养只有经过艰苦磨炼才能获得”。

《菜根谭》是以处世思想为主的格言式小品文集，采用语录体，糅合了儒家的中庸思想、道家的无为思想和释家的出世思想的人生处世哲学的表白，文辞优美，对仗工整，含义深远，耐人寻味。

醉心于佛学的洪应明，对世间的悲喜就看得更加明了。即使是爱，如果太强烈，也还是会导致反效果，《菜根谭》中说：

中庸思想 儒家的道德标准，待人接物不偏不倚，调和折中。第一层意义是指人生不偏离，不变换自己的目标和主张；第二层意义是指人需要保持中正平和；第三层意义是指人要拥有一技之长，做一个有用的人才，又指人要坚守自己的岗位，要在其位谋其职。

■ 《菜根谭》内容体现的修行

千金难结一时之欢，一饭竟致终身之感，盖爱重反为仇，薄极反成喜也。

意思是说，价值千金的重赏或恩惠，有时难以换得一时的欢娱，一顿粗茶淡饭的小小帮助，可能使人一生不忘此事而永远心存感激回报之心。当一个人爱一个人到极点时很可能会翻脸成仇；平常与自己相互不重视或者交情十分淡泊的一些人，在他困难的时候给予一点帮助，他就可能对你无限感激，结下交情。

韩信（前231年～前196年），淮阴，即今江苏省淮安人，西汉开国功臣，我国历史上杰出的军事家，与萧何、张良并列为“汉初三杰”。后遭刘邦的疑忌，以谋反罪处死。韩信是我国军事思想“谋战”派的代表人物。

这段话告诉人们，人的感情不是用钱可以买到的，助人就要在对方最急切需要帮助的时候。像韩信那样的人，就会对“一饭之恩”终身不忘。

在生活中，爱恨之事也是常有的，有句古话叫

“身在福中不知福”，往往被爱包围着的人却不自知，而一点不如意便会反目成仇的例子却很多，爱与恨的反反复复交织在人生的全过程中。

有一乐境界，就有一不乐的相对待；有一好光景，就有一不好的相乘除。

意思是说，有一个快乐的境界，就有一个不快乐的事物相对应；有一个美好的光景，就有一个不好的风光来抵消。

由此可见，有乐必有苦，有好必有坏，只有平平常常安分守己才是快乐的根本。

洪应明退而隐世，对名声和那些打着隐归山林旗号以博名气的人很是不屑。但他并不是全部否定这种做法，他认为如果时机合适，隐者能够，也应该再度出山，涉足官场：

名根未拔者，纵轻千乘甘一瓢，总堕尘情；客气未融

■《菜根谭》内容体现的修行

者，虽泽四海利万世，终为剩技。

意思是说，名利思想没有彻底拔除的人，即使他能轻视富贵荣华而甘愿过清苦的生活，最后仍然无法逃脱名利世俗的诱惑；一个受外力影响而不能在内心加以化解的人，即使他的恩泽能广被四海以至于遗留万世，其结果仍然算是一种多余的伎俩。

争名夺利之累人所共知，而名利之诱惑确也太大。一个人不铲除名利观念，随时都会有追逐名利的念头产生，不论他如何标榜清高声称退隐林泉，都不过是以退为进的托词。

唐代的进士卢藏用本来功名心很强，可是他很造

进士 我国古代科举制度中，通过最后一级朝廷考试的人称为进士。是古代科举殿试及第者的称呼。意思是可以进授爵位的人。隋炀帝大业年间始置进士科目。唐代也设此科，凡应试者称为举进士，中试者都称为进士。元、明、清时期，贡士经殿试后，及第者皆赐出身称进士。

作，隐居京师附近的终南山，以清高之名而获得朝廷征用。这时，他竟毫不隐讳地指着终南山说：“此中大有佳趣！”

其实一个人选择隐世还是出世，都是次要的，关键是要看他的修养，是正气居多还是私心杂念满身，要看他的行为是不是利国利民，才是判断他是否圣贤的要点。

经过刻苦修行的洪应明也不再追求一蹴而就的做事风格，明白了不积跬步无以至千里的道理：

唐代 我国古代社会中统一时间最长，国力最强盛的朝代之一。于618年由李渊建立，定都长安，并且设东都洛阳。627年，李世民登基后开创了“贞观之治”。唐玄宗李隆基即位后，开创了全盛的“开元盛世”。唐代共历274年，20位皇帝。

> 青天白日的节义，自暗室漏屋中培来；旋乾转坤的经纶，自临深履薄处操出。

■《菜根谭》内容体现的治国平天下

■ 《菜根谭》中“鹬蚌相持”图

蜡梅 传说，原来蜡梅并无芳香。西周鄢国国君很喜欢蜡梅花，但嫌其不香。便下令花匠限期让梅花吐香，否则严惩。在束手无策时，一位刘姓隐士带来几枝蜡梅砧木，帮助嫁接在黄梅上。到了寒冬腊月，数九寒天，百花凋零，蜡梅花苞发出了阵阵幽香。国君龙颜大喜，花匠得以安保，鄢陵蜡梅也得以发扬。

青天白日一般光明磊落的人格和节操，是在暗室漏屋的艰苦环境中磨炼出来的；凡是一种足可治国平天下的宏伟策略，是从小心谨慎的做事中磨炼出来的。

俗话说“滴水穿石”，英雄大业不是一蹴而就的，不经一夜寒彻骨，哪有蜡梅扑鼻香，成大功立大业，都得经过艰苦恶劣环境中的奋斗。

一个有远大志向的人仅仅接受磨难是不够的，因为受磨难和受得了磨难的人很多，却不是每个人都可以成为英雄。他们的事业绝对不是在粗心大意中完成的，而是抱着“如临深渊，如履薄冰”那样战战兢兢的谨慎态度，一点一滴累积起来的。

因此，成大事者都能在胸怀上博大宽厚，光明磊落；在细节上点滴积累，在大事上眼光长远；再加上坚强的意志，完善的人格，高尚的品德，就可以为自己事业的成功奠定厚实的基石。

人生原是一傀儡，只要根蒂在手一线不乱，郑舒自由，行止在我，一毫不受他人提掇，便超出此场中矣！

人生本来就像一场木偶戏，只要你能把控制木偶活动的线掌握好，那你的一生就会进退自如，丝毫不受他人或外物的操纵。如果是能做到这些的人，就可以超然置身于尘世之外了。

做事要注意发现规律，就具体事而言应发现其窍门，得窍则一通百通，就像看病对症下药一样。做人

木偶 古代叫傀儡、魁儡子、窟儡子。用它来表演的戏剧叫木偶戏。木偶戏是由艺人操作木偶表演故事的一种戏曲形式。我国的木偶戏兴起于汉代，至唐代有了新的发展和提高，能用木偶演出歌舞戏。宋代是我国木偶戏发展的一个重要时期，木偶的制作工艺和操纵技艺进一步成熟。清代以后木偶戏进入全盛时期。

■ 《菜根谭》中“邯郸学步”图

■《菜根谭》中儒家精髓创始人孔子

要善于发现优势、特长，看清本质，就可以使自己遇事进退自如，不受他人控制。人贵自知，处世要摆正自己的位置，做事要看是否可行，以做到卷舒自在。

一向尊崇孔孟之道的洪应明劝导人们在处世的同时保有自己的本心，不去犯道德低下的错误：

涉世浅，点染亦浅；历事深，机械亦深。故君子与其练达，不若朴鲁；与其曲谨，不若疏狂。

一个刚踏入社会的人阅历很浅，所以沾染各种社会不良习惯的机会也较少；一个饱经世事的人，经历的事情多了，城府也随之加深。所以君子与其处事圆滑，不如保持朴实的个性；与其事事小心、谨慎、委曲求全，倒不如豁达一些才不会丧失纯真的本性。

他还说：心中假如没有忧虑和杂念，又何必要下内省观察功夫呢？佛教所说的“反观内省”，实际上又增加了修行的障碍；天地万物本来一体，又何必等待人来划一平等呢？庄子所说的“消除物我界限”，等于分割了本来属于一体的物性。

“拿着笤帚不扫地，深怕扫起心上尘”，这句富于禅机的偈语，是说人心本来清净，可用扫帚一扫，

庄子（约前369年～前286年），即庄周，是战国时期的思想家、哲学家、文学家，也是道家学说的主要创始人之一。他是老子思想的继承者和发展者，后世将他与老子并称为“老庄”。他们的哲学思想体系，被思想学术界尊为“老庄哲学”。

虽说目的是在扫除尘埃，反倒会把心中的尘土给扫起来。佛家的“观人”，庄子的“齐物”，原来都是为了说明心空物一之理。

六祖惠能禅题就曾说：“菩提本无树，明镜亦非台；本来无一物，何处惹尘埃？”一尘不染，也就是像佛僧应有的四大皆空。以佛理来喻人事是同样的道理。假如一个人本性善良，就不应邯郸学步，而应从其他方面锻炼自己，保持品性，加强修养。而一个涉世不深的人，有许多纯真的品德，关键是保持下去，而不是为学习、为修养自己却丢掉本质上好的东西而拣来世俗的恶习。

《菜根谭》采儒、佛、道三家之精髓，以心学、禅学为核心，拥有修身、齐家、治国、平天下等大道；融处世哲学、生活艺术、审美情趣于一体；它似语录，却拥有语录所没有的趣味；它似随笔，却拥有随笔所不及的整饬。

《菜根谭》是一部文辞优美、含义深邃的读物，更是一部陶冶人之情操、磨炼人之意志、催人奋发向上的文学作品。“咬得菜根者则百事可为”，《菜根谭》以众多富含哲理的名言警句教给世人出世入世之法则及为人处世之道，引人入胜，耐人寻味。

阅读链接

《菜根谭》书名又作《菜根谈》，书名的由来历来说法不一。有人以为典出“性定菜根香”，所谓“夫菜根，弃物也，而其香非性定者莫知”；也有人说《菜根谭》的意思来源是一句俗语：“人能咬得菜根，则百事可做。”

《菜根谭》作者洪应明的友人于孔兼在“题词”中则称：“谭以菜根名，固自清苦历练中来，亦自栽培浇灌里得，其颠颠风波，备尝险阻可想矣。”于孔兼的这个说法，应该是最有说服力的。

民间智慧《增广贤文》

《增广贤文》是我国明代时期编写的儿童启蒙书目。又名《昔时贤文》《古今贤文》。书名最早见之于明代万历年间的戏曲《牡丹亭》，据此可推知此书写成于明万历年间。

清代人物

《增广贤文》集结了从古到今的各种格言、谚语。后来，经过明、清两代文人的不断增补而成。此书的作者一直未见于任何书载，应该是民间创作的结晶。

《增广贤文》从表面上看似乎杂乱无章，但只要认真通读全书，不难发现有其内在的逻辑。

该书对人性的认识以"性本恶"为前提，以冷峻的目光洞察社会人生、亲情被金钱污染。

比如，"贫居闹市无人问，富在深山

■ 清人儿童教育像

有远亲”；友情只是一句谎言，“有酒有肉多兄弟，急难何曾见一人”；尊卑由金钱来决定，“不信但看筵中酒，杯杯先敬有钱人”。

法律和正义为金钱所操纵，比如，“衙门八字开，有理无钱莫进来”；人性被利益扭曲，“山中有直树，世上无直人”；世故导致人心叵测，“画虎画皮难画骨，知人知面不知心”；人言善恶难辩，“入山不怕伤人虎，只怕人情两面刀”。

《增广贤文》把社会诸多方面的阴暗现象高度地概括起来，冷冰冰地陈列在人们面前，其中的绝大多数句子都来自“经史子集”、诗词曲赋、戏剧小说以及文人杂记，其思想观念都直接或间接地来自儒释道各家经典。

从广义上来说，《增广贤文》和戏曲相似，是雅俗共赏的“经”的普及本，不需讲解就能读懂，同样

衙门 又称六扇门，是我国古代时期官吏工作的官僚机关。衙门是由“牙门”转化而来的，牙门中的“牙”指的是猛兽的利牙。我国古时常用野兽的牙来象征武力，因此“牙门”是古代军事用语，是军旅营门的别称。

清人家庭处事图

能领会到经文的思想观念和人生智慧。除此之外，《增广贤文》还是谚语的选集。

《增广贤文》的内容大致有这样几个方面：一是谈人及人际关系，二是谈命运，三是谈如何处世，四是表达对读书的看法。

在《增广贤文》描述的世界里，人是虚伪的，人们为了一己之私变化无常，嫌贫爱富，趋炎附势，从而使世界布满了陷阱和危机。文中有很多强调命运和报应的内容，认为人的一切都是命运安排的，人应行善，才会有好的际遇。这些内容有其消极的一面，但它倡导行善做好事，则是值得肯定的。

《增广贤文》有大量篇幅叙述如何待人接物，这部分内容是全文的核心。文中对忍让多有描述，认为忍让是消除烦恼祸患的方法。在主张自我保护、谨慎忍让的同时，也强调人的主观能动性，认为这是做事

典故 原指旧制、旧例，也是汉代掌管礼乐制度等史实者的官名。后来一种常见的意义是指关于历史人物、典章制度等的故事或传说。典故这个名称，由来已久。最早可追溯到汉朝，《后汉书·东平宪王苍传》中记载：“亲屈至尊，降礼下臣，每赐宴见，辄兴席改容，中宫亲拜，事过典故。”

的原则。其中不乏劝人向善之语，如“害人之心不可有，防人之心不可无”。

《增广贤文》虽以道家思想为主，但对儒家的说教并不排斥。文中强调了读书的重要、孝义的可贵。这些观点体现了正统的儒家精神，与全书所弥漫的道家思想有所不合。但也正是由于这种庞杂，不同思想的人都可以从中看到自己认可的格言，使之具有了广泛的代表性。

《增广贤文》以汉语韵律的谚语和文献佳句选编而成，其内容十分广泛，从礼仪道德、典章制度到风物典故、天文地理，几乎无所不含，而又语句通顺、易懂，但中心是讲人生哲学、处世之道的。

《增广贤文》中的一些谚语、俗语，反映了中华民族千百年来形成的勤劳朴实、吃苦耐劳的优良传统，成为宝贵的精神财富，如“一年之计在于春，一

韵律 即平仄和押韵规范。诗词创作要重视艺术性，并重在几个方面，其中之一是“韵律”，要讲究字词的搭配、音调的和谐，在这些方面，古人有许多精辟的论述，常见有《诗品》《词品》《曲品》等。

■ 清代大家庭

清代儿童教育塑像

日之计在于晨”等。

一些谚语、俗语总结了千百年来人们同自然斗争的经验，成为简明生动哲理式的科学知识，如“近水知鱼性，近山识鸟音”“近水楼台先得月，向阳花木早逢春”等。

书中还有许多关于社会、人生方面的内容，经过人世沧桑的千锤百炼，成为警世喻人的格言，如“良药苦口利于病，忠言逆耳利于行”“善有善报，恶有恶报”“乐不可极，乐极生悲”等。

一定的文化是一定的社会政治经济在观念形态上的反映，《增广贤文》也不例外。由于时代和历史的局限，必然打上那个时代的印记。因此在阅读时要明察扬弃，批判继承，汲取其有营养的成分，古为今用。

阅读链接

《增广贤文》中有一句“有心栽花花不开，无心插柳柳成荫”，是告诉人应该目光远大，这与“塞翁失马”的故事是一个道理。

古代有个精通术数的人叫塞翁，他的马跑到了胡人的领地。人们都来安慰他，他说：“这也许是好事。”过了几个月，他的马带领着胡人的骏马回来了。人们都来祝贺他，他又说：“这也许是坏事。”后来，塞翁的儿子在骑马时摔骨折了。后来胡人入侵长城一带，他的儿子因为瘸腿的缘故，没有被征去打仗，父子俩的性命得以保全。